FELIPE VI: UNA DÉCADA DE REINADO

LUIS MARÍA CAZORLA PRIETO
Director

RAÚL C. CANCIO FERNÁNDEZ
Coordinador

FELIPE VI: UNA DÉCADA DE REINADO

MANUEL ARAGÓN REYES

IGNACIO ASTARLOA HUARTE-MENDICOA

FRANCESC DE CARRERAS SERRA

MANUEL FERNÁNDEZ-FONTECHA TORRES

TOMÁS RAMÓN FERNÁNDEZ RODRÍGUEZ

JOSÉ LUIS GARCÍA DELGADO

PIEDAD GARCÍA-ESCUDERO MÁRQUEZ

YOLANDA GÓMEZ SÁNCHEZ

PEDRO GONZÁLEZ-TREVIJANO

EMILIO LAMO DE ESPINOSA CHAMPOURCIN

DIEGO LÓPEZ GARRIDO

ARACELI MANGAS MARTÍN

BENIGNO PENDÁS GARCÍA

ALFREDO PÉREZ DE ARMIÑÁN Y DE LA SERNA

MIQUEL ROCA JUNYENT

EDUARDO TORRES-DULCE LIFANTE

Clausura
MANUEL PIZARRO MORENO

ARANZADI

© **Luis María Cazorla Prieto (Dir.), Raúl C. Cancio Fernández (Coord.)**, 2024
© **Editorial Aranzadi, S.A.U.**

Editorial Aranzadi, S.A.U.
C/ Collado Mediano, 9
28231 Las Rozas (Madrid)
Tel: 91 602 01 82
e-mail: clienteslaley@aranzadilaley.es
https://www.aranzadilaley.es

Primera edición: 2024

Depósito Legal: M-26910-2024
ISBN versión impresa: 978-84-1078-889-3
ISBN versión electrónica: 978-84-1078-890-9

Diseño, Preimpresión e Impresión: Editorial Aranzadi, S.A.U.
Printed in Spain

Índice General

Breve nota introductoria a la jornada de estudio Felipe VI: diez años de reinado

Luis María Cazorla Prieto
Académico de Número de la Real Academia de Jurisprudencia y Legislación de España
Presidente de la Fundación Pro Real Academia de Jurisprudencia y Legislación de España

I
Consideraciones iniciales

La jornada de estudio Felipe VI: diez años de reinado cuajó gracias a una iniciativa de la Fundación Pro Real Academia de Jurisprudencia y Legislación de España, acogida e impulsada por la Real Academia de Jurisprudencia y Legislación de España.

Esta Fundación se constituyó el 24 de octubre de 2013 como instrumento auxiliar de la Real Academia de Jurisprudencia y Legislación de España con la finalidad complementar sus actividades, «echarle una mano», en momentos de zozobra económica[1]. En conexión con lo anterior, Manuel Pizarro Moreno, Presidente de la Real Academia de Jurisprudencia y Legislación de España, señaló en sus palabras de clausura de la Jornada que figuran al final de este libro: «Quiero felicitar

---

1. Los Patronos que hicieron una importante aportación económica son: Aranzadi LA LEY, Clifford Chance S.L., Colegio de Registradores de la Propiedad y Mercantiles de España, Colegio General de los Procuradores de España, Colegio General de Letrados de la Administración de Justicia, Colegio Notarial de

a la Fundación Pro Real Academia de Jurisprudencia y Legislación de España por esta iniciativa y agradecer a sus patronos el apoyo que nos han prestado durante todos estos años, en tiempos de estrecheces, *primum vivere, deinde philosophare»*.

En su vida de más de diez años, la Fundación ha vivido varias etapas, todas ellas al servicio de la Real Academia en la que se inserta.

En la primera, que podemos situar aproximadamente entre 2013 y 2018, la Fundación ayudó decisivamente al sostenimiento económico de la Real Academia contribuyendo gracias a las generosas aportaciones del grupo de patronos que forman despachos de abogados, colegios profesionales y una editorial jurídica a que la Real Academia mantuviera su pulso en una época en la que las subvenciones del Estado se habían reducido a la mitad y había que afrontar las obras de los dos edificios que hoy conforman sus magníficas instalaciones. Para acentuar el agradecimiento que la Real Academia siente hacia las generosas aportaciones de estos Patronos, permítanme contar una anécdota muy significativa. Era tal la penuria económica a la que condenaba la drástica, tajante e inesperada reducción de la subvención estatal que se venía disfrutando que un eminente maestro del Derecho, a la sazón Tesorero de la Real Academia, ironizó lo siguiente con la fuerza y determinación que le caracterizan: lo que procede hacer es ir a las puertas del Ministerio (entonces Educación), dejar allí las llaves de la sede de la Real Academia y decir os las quedáis y a ver cómo os apañáis. Esta etapa comprende la Presidencia de la Real Academia de Luis Díez-Picazo, que entendió lo conveniente y hasta necesario que era la creación de la Fundación y la impulsó, y de José Antonio Escudero, a quien la Real Academia debe muchas cosas, entre las que descolla la adición de «de España» al nombre de la Real Academia y la ampliación del número de medallas académicas como medio favorecedor de la tan justificada, necesaria e ineludible incorporación de la mujer a los titulares de medallas de la Real Academia.

Madrid, Consejo General de Colegios Oficiales de Graduados Sociales de España, Consejo General de la Abogacía Española, Cuatrecasas Gonçalves Pereira S.L.P., DLA Piper Spain S.L., Gómez Acebo & Pombo S.L.P., Herbert Smith Freehills Spain L.L.P., JA & Garrigues S.L.P., Ramón y Cajal Abogados S.L., Roca Junyent S.L.P., Rodríguez Quiroga Abogados S.L., Serrano Alberca & Conde Abogados S.L. y Uría Menéndez Abogados S.L.P.

La segunda etapa se inicia con la llegada a la Presidencia de Manuel Pizarro. Una vez que los negros nubarrones de la penuria económica empezaron a tener tonos algo menos sombríos, Pizarro acuña una acertada doctrina que afecta sustancialmente al rumbo de las relaciones de la Real Academia con su Fundación. En sustancia esta doctrina consiste en que los gastos ordinarios y corrientes de la Real Academia han de ser afrontados por ella misma y su Fundación debe quedar para contribuir a necesidades específicas de aquélla con vocación de permanencia y preferentemente tangibles. En esta etapa, que se ha prolongado hasta 2023, la Fundación, además de desarrollar actividades propias debidamente enjaretadas con las de la Real Academia[2], ha hecho notables aportaciones económicas para el buen fin de las obras de rehabilitación tanto del nuevo edificio que se suma a la sede histórica de la Real Academia (Marqués de Cubas, número 15), como del singular y arquitectónicamente muy destacable edificio que fue inaugurado en 1906 (Marqués de Cubas, número 13).

Terminadas las obras de los dos edificios que han contribuido a revitalizar aún más la vida de la Real Academia al servicio de sus fines estatutarios, la Fundación, siempre de la mano de la Real Academia, ha comenzado una nueva etapa, la tercera, en la que la Jornada Felipe VI: diez años de reinado se inserta plenamente.

II

El plan de actividades de la Fundación pro Real Academia de Jurisprudencia y Legislación de España para 2024

La nueva etapa a la que me refiero en el apartado anterior arranca sin divisiones tajantes porque siempre hay algún vaso comunicante entre una y otra. La vida de la Fundación es un río fluido cuyo caudal, según el tiempo y el terreno por el que se deslice, se acelera o se ralentiza, se adelgaza o se adensa en mayor o menor medida.

---

2. Entre otras destaco el impulso y financiación del Diccionario Jurídico de la Real Academia, del libro Histórico La Real Casa de Vidrio de Antonio Pau Pedrón, y de los libros Últimas novedades normativas afectantes al sector eléctrico, Editorial Aranzadi, Pamplona, 2022 y Los gravámenes temporales al sector eléctrico y bancario. Sostenibilidad ambiental y fiscalidad para la economía circular, Editorial Aranzadi, Pamplona, 2022, fruto de dos jornadas de estudio patrocinados por la Fundación.

A pesar de esto, el horizonte de las aportaciones singulares, con vocación de permanencia y tangibles que ha de llevar a cabo la Fundación se empieza a cumplir de otra manera, al dejar de centrarse principalmente en aportaciones en favor de la rehabilitación de los edificios sede de la Real Academia, una vez concluida esta tarea.

Al hilo de lo anterior, en el plan de actividades de la Fundación para 2024, que se formula siguiendo escrupulosamente las exigencias del ordenamiento a las que quiere ajustarse a carta cabal y a propuesta de un Patrono, se incluyó la celebración de una jornada de estudio bajo el título «Felipe VI: diez años de reinado».

Acogí como Presidente de la Fundación la iniciativa con entusiasmo, la trasladé a la Real Academia en la persona de su Presidente. Manuel Pizarro se sumó a este entusiasmo y, así las cosas, el Patrono Raúl Cancio, que fue quien lo planteó inicialmente y quien escribe estas líneas nos pusimos manos a la obra.

III

Estructura, método y criterios de la jornada y generosidad de los participantes

No era fácil acertar con la estructura y método apropiados para la Jornada.

Después de darle mil vueltas llegué al convencimiento contrastado con Cancio de que la materia y la oportunidad de los nada fáciles diez años del reinado de don Felipe merecían arriesgarse y romper el molde de conferencias largas y prolongadas en el tiempo. Decidido esto, las ideas motrices que debían empapar la estructura y el método de la Jornada eran las siguientes. En cuanto al tiempo, una sola sesión en los días previos o coincidente con el cumplimiento de los diez años de reinado; en cuanto a la estructura, salvo una intervención inicial algo más larga, pero sin llegar a ser una conferencia, deberían tener lugar muchas intervenciones cortas y con predominio de las opiniones personales de los intervinientes. Todo ello estructurado, además de la intervención inicial algo más larga pero no mucho más, en tres mesas redondas con un moderador y cuatro participantes y una intervención final del mayor relieve y de máxima importancia. A lo que había que añadir un planteamiento transversal de la materia, la diversidad de los oradores, el enfoque, aunque prevaleciente, no exclusivamente jurídico y el predominio de Académicos de Número y no solo de la Real Academia de Jurisprudencia y Legislación de España, sino de otras Reales Academias, particularmente la de Ciencias Morales y Políticas conectadas con la materia por su campo de actividad o por singularidades personales.

La clave del éxito de este ambicioso programa residía en las personas que hablaran en el estrado del histórico salón de la Real Academia de Jurisprudencia y Legislación de España. Tenían que ser de gran prestigio y categoría personal, científica e intelectual, que se avinieran a participar con breves intervenciones y que aceptaran la estructura y el método del programa que acabo de esbozar.

La generosidad y el interés por abordar el objeto de la Jornada en fecha tan señalada, además en la Real Academia de Jurisprudencia y Legislación de España, creo que fueron, junto a otros de índole menor, los motivos principales de que una relación de personas de tanto nivel aceptaran participar en el acto en las condiciones que su estructura y método imponían.

Quiero dejar una vez más constancia del agradecimiento de la Real Academia de Jurisprudencia y Legislación de España como puso de relieve Manuel Pizarro en sus palabras de clausura, de su Fundación y la mía propia por su participación en un acto que, a la luz de los resultados, resultó muy fructífero.

IV

El programa en concreto y el libro subsiguiente

1. Como fruto de todo lo anterior, el programa de la Jornada Felipe VI: diez años de reinado celebrada en la sede histórica de la Real Academia de Jurisprudencia y Legislación de España el 13 de junio de 2024 fue el siguiente:

16:30 h. Presentación

Luis María Cazorla Prieto

Presidente de la Fundación Pro Real Academia de Jurisprudencia y Legislación de España

Conferencia inaugural

Manuel Aragón Reyes

Académico de Número de la Real Academia de Jurisprudencia y Legislación de España

17:15 h. Mesa redonda: ¿Una ley para la Corona?

Moderador: Raúl C. Cancio Fernández

Patrono de la Fundación Pro Real Academia de Jurisprudencia y Legislación de España.

Participantes:

Manuel Fernández-Fontecha Torres

Letrado de las Cortes Generales

Diego López Garrido

Catedrático de Derecho Constitucional

Benigno Pendás García

Presidente de la Real Academia de Ciencias Morales y Políticas

Francesc de Carreras Serra

Académico de Número de la Real Academia de Ciencias Morales y Políticas

18:15 h. Mesa redonda: La institución monárquica: legitimación por ejercicio

Moderador: Ignacio Astarloa Huarte-Mendicoa.

Académico de Número de la Real Academia de Jurisprudencia y Legislación de España.

Participantes:

Emilio Lamo de Espinosa Champourcin

Académico de Número de la Real Academia de Ciencias Morales y Políticas

Pedro González-Trevijano Sánchez

Académico de Número de la Real Academia de Jurisprudencia y Legislación de España

Yolanda Gómez Sánchez

Catedrática de Derecho Constitucional

José Luis García Delgado

Académico de Número de la Real Academia de Ciencias Morales y Políticas

19:10 h. Mesa redonda: Los poderes del Rey constitucional

Moderador: Tomás Ramón Fernández Rodríguez

Académico de Número de la Real Academia de Jurisprudencia y Legislación de España.

Participantes:

Piedad García-Escudero Márquez

Patrono de la Fundación Pro Real Academia de Jurisprudencia y Legislación de España

Alfredo Pérez de Armiñan y de la Serna

Académico de Número de la Real Academia de Bellas Artes de San Fernando

Eduardo Torres-Dulce Lifante

Académico de Número de la Real Academia de Jurisprudencia y Legislación de España

Araceli Mangas Martín

Académica de Número de la Real Academia de Ciencias Morales y Políticas

20:00 h. Intervención final

Miquel Roca Junyent

Patrono de la Fundación Pro Real Academia de Jurisprudencia y Legislación de España

Clausura

Manuel Pizarro Moreno

Presidente de la Real Academia de Jurisprudencia y Legislación de España

2. No pasaba por mi cabeza publicar un libro recogiendo las intervenciones en la Jornada. Pero, para mi sorpresa, incluso antes de terminar el acto, varias personas de todo crédito, entre ellas algunos intervinientes, me insistieron en que debería hacerse.

La insistencia se redobló en los días siguientes y la publicación de un resumen del acto en la página web de la Fundación que es una pestaña dentro de la de la Real Academia, me puso en marcha.

La duda que me embargaba, sin embargo, radicaba en si los intervinientes iban a dar una muestra más de su generosidad y acceder a entregar un texto para su publicación. Mis dudas pronto se disiparon: accedieron, dieron toda clase de facilidades y han hecho posible el libro que introducen estas líneas.

Antes de poner el punto final quiero añadir a los agradecimientos de los que ya he dado muestras el que ahora hago a Aranzadi LA LEY,

Patrono de la Fundación y Vicepresidente de ella a través de Vicente Sánchez, y a Raúl Cancio, también Patrono, por las facilidades que ha dado para la aparición del libro la primera, y por su ayuda constante en todo lo relacionado con la Jornada y su publicación.

Madrid, lunes, ocho de julio de 2024.

Reflexiones constitucionales sobre la primera década del reinado de D. Felipe VI

Manuel Aragón Reyes
Académico de Número de la Real Academia de Jurisprudencia y Legislación de España

Señor presidente, señoras y señores académicos, ilustre representante de la Casa del Rey, autoridades, queridos amigos, demás personas que nos honran con su asistencia a este acto.

Ante todo, quiero expresar mi agradecimiento porque se me haya encargado pronunciar la conferencia inaugural de esta Jornada auspiciada por mi Real Academia, una Jornada que, como acaba de expresar mi compañero D. Luis Cazorla, está dedicada a celebrar la primera década del reinado de D. Felipe VI y a realizar una especie de balance constitucional sobre el funcionamiento de nuestra Monarquía parlamentaria en ese período.

En mi intervención, dado el corto tiempo de que dispongo, sólo me ocuparé de examinar las líneas generales y, a mi juicio, muy significativas, de la actuación de nuestro Monarca en estos diez primeros años de su reinado. Será, pues, una especie de introducción a las exposiciones más detalladas que se realizarán en las sucesivas intervenciones que tendrán lugar en esta Jornada. Que, por cierto, ha podido celebrarse merced al patrocinio de la Fundación Pro Real Academia de Jurisprudencia y Legislación de España y al admirable esfuerzo organizativo del presidente del patronato de esa Fundación, el académico D. Luis María Cazorla Prieto.

Dicho eso, quiero resaltar, en primer lugar, que el acceso al trono de D. Felipe VI fue, además de una prueba de la validez de nuestra Monarquía parlamentaria, un auténtico impulso para su renovación.

El 19 de junio de 2014, ante las Cortes Generales, accedió al trono D. Felipe VI. Con ese acto de sucesión en la Corona se pretendía remontar la crisis que nuestra Monarquía parlamentaria había sufrido en los últimos años anteriores como consecuencia de determinados problemas personales de D. Juan Carlos I. La abdicación fue, pues, un remedio que funcionó con regularidad y con efectos muy positivos para nuestra Monarquía como después explicaré.

Aunque aquella abdicación puso de manifiesto que nuestra Monarquía parlamentaria tenía resortes constitucionales suficientes para resolver problemas de ejemplaridad que pudieran derivarse de la conducta privada del Monarca, el cambio producido en la jefatura del Estado no debe ser entendido, injustamente, como una descalificación plena de las funciones institucionales que el Rey anterior había desempeñado.

Es cierto, y está generalmente aceptado, que, en los treinta y nueve años anteriores, tanto la Monarquía como su titular, D. Juan Carlos I, contribuyeron decisivamente a la instauración de la democracia y al surgimiento de la Constitución, a su defensa cuando ésta se vio en peligro, al desarrollo político, social y económico que España experimentó e incluso a la revalorización de la imagen internacional de nuestro país.

Dicho ello, también es claro que el nuevo Rey pretendió, desde el mismo día de su acceso al trono, revitalizar a nuestra Monarquía, no sólo de manera personal, sino también institucional. En su discurso ante las Cortes pronunciado aquel día 19 de junio de 2014 ya adelantó que la suya sería, y sí lo dijo, una «Monarquía renovada para un tiempo nuevo», consciente de que resultaban necesarias determinadas reformas para dotarla de las pautas generales internas que caracterizan el «buen gobierno» de cualquier institución: como son, respecto de la

Monarquía, la ejemplaridad personal y familiar, la trasparencia de sus actividades y el control de la gestión económica y financiera que a la Casa Real se encomienda.

Pero aquel discurso fue mucho más que la manifestación de esa promesa, puesto que en él se contuvo una auténtica lección de lo que significa ser el Rey en una Monarquía parlamentaria, que, en palabras de D. Felipe VI en ese solemne acto, consiste en atenerse a las funciones que la Constitución le encomienda, ser, como afirmó entonces, un «Rey constitucional», que por la Constitución reina y, cumpliendo y guardando la Constitución, se mantiene. La Corona, dijo, se encuentra unida, inseparablemente, a la Constitución. Por ello, repetiría el nuevo Monarca en su discurso, la actividad del Rey, en nuestra Monarquía parlamentaria, que habrá de estar basada en la ejemplaridad personal e institucional del titular de la Corona, no debía tener otro objetivo que el de colaborar al buen funcionamiento de los poderes públicos desde una posición de estricta neutralidad política, servir a los intereses generales, procurando la paz social, fomentando la tolerancia frente a la intransigencia, la unión frente a la desunión, la libertad e igualdad ciudadanas frente a los privilegios, el progreso social y económico, en fin, frente a su retroceso o estancamiento.

Un discurso realmente extraordinario que es una auténtica clase de Derecho Constitucional sobre el significado y funciones de la Monarquía parlamentaria y que debiéramos, los profesores, recomendarlo a los alumnos. Además, aquel discurso expresó la firme promesa del nuevo Rey de actuar en consecuencia con el significado y funciones de la Monarquía parlamentaria que él, tan acertadamente, había expuesto. Y así lo ha hecho de manera fiel lo largo de los diez años que, desde entonces, han trascurrido.

Por un lado, desde el primer momento de su acceso al trono, y por impulso del nuevo Rey, se acometió un proceso claro de reformas relativas a la gestión y administración internas de la Monarquía dotándolas de trasparencia y de control. Lo que se hizo, primero e inmediatamente, a través de disposiciones directamente adoptadas en el seno de la Casa Real y por ello no publicadas en el BOE, pero sí de general conocimiento por la información que de ellas facilitó la propia Casa. Y después mediante reglamentos, publicados, obviamente, en el Boletín

Oficial del Estado, de los que deben destacarse el Real Decreto 772/2015, de 28 de agosto y, por último, y principalmente, por su indudable entidad, el Real Decreto 297/2022 de 26 de abril, redactado, como el anterior, de común acuerdo por el Gobierno y la Casa del Rey, como es debido, y en este caso habiéndolo consensuado con el principal partido de la oposición, lo que resulta importante destacar. Este último Decreto reconoce (y así lo afirmará en su preámbulo) que lo único que ha hecho es sistematizar y desarrollar las medidas que el Rey ya impulsó y adoptó desde el comienzo mismo de su acceso al trono.

Por otro lado, además de estas medidas y normas de buen gobierno interno de la Monarquía y la Casa del Rey, las actuaciones institucionales del Rey se han venido acomodando hasta ahora, escrupulosamente, a lo que la Monarquía parlamentaria significa, un significado que, como ya se ha dicho, él mismo había expresado de manera ejemplar en su discurso pronunciado en el acto de su acceso al trono y que ha reiterado, desde entonces, en múltiples ocasiones. Por ello cabe hablar, usando sus propias palabras, de que tenemos un Rey auténticamente «constitucional», más aún, añado yo, un Rey «constitucionalista» por su sólida formación jurídica, que ha servido fielmente a la Constitución y a la propia Monarquía por encima de cualquier otro interés, a costa, incluso, de dolorosos sacrificios familiares.

Así ha sido en lo que podríamos llamar el ejercicio «ordinario» de la función regia, siempre desempeñado con la pretensión de aunar voluntades, fomentar la concordia frente a la discordia, procurar la realización de los intereses generales, dotar de ejemplaridad personal al titular de la Corona, potenciar la imagen internacional de España, mantenerse neutral frente a las legítimas contiendas políticas propias de una democracia pluralista, abstenerse de cualquier intromisión en los procesos de adopción de decisiones por el Gobierno o las Cortes Generales, y muy especialmente en los procesos de renovación de las instituciones cuyos protagonistas constitucionales son únicamente los órganos del poder público que tienen atribuida la competencia para esa renovación.

En este ámbito del ejercicio ordinario de la función regia ha tenido que hacer frente incluso a situaciones que antes no se habían producido con tanta intensidad como la adquirida en estos diez años. Me refiero en particular a la investidura de presidente del Gobierno, que se ha visto afectada por el hecho nuevo, iniciado a partir de las elecciones generales de diciembre de 2015, de un parlamento (en especial de un Congreso de los Diputados) políticamente muy fragmentado, lo que ha originado que las investiduras del presidente del Gobierno hayan tenido una especial dificultad, acentuada porque, de las consultas regias, no se desprendía la seguridad o al menos la probabilidad de que el candidato que el Rey ha de presentar al Congreso obtuviese los votos necesarios para la investidura.

En esa situación, repetida varias veces hasta ahora, el Rey, optó, a mi juicio, acertadamente, por designar como candidato al líder del partido más votado y con mayor número de escaños en la Cámara, y si éste fracasaba, presentar como nueva propuesta al líder del segundo partido que le seguía en número de votos y de escaños. La necesidad constitucional de que no hubiese largos períodos de Gobiernos en funciones, y la realidad, constatada a través de las consultas regias, de que la improbabilidad de investir no retrasase en exceso la solución constitucionalmente prevista de disolución de las Cámaras y convocatoria de nuevas elecciones, abonan la pertinencia de aquellas decisiones que el Rey adoptó. El Rey hizo, pues, lo que debía hacer.

En el pasado anterior a diciembre de 2015, los resultados electorales, bien por haber producido mayorías absolutas, bien por haber generado una minoría próxima a la mayoría absoluta, hicieron fácil la investidura de un presidente de Gobierno. Entonces, el art. 99 de la Constitución funcionó bien, simplemente porque no tuvo que ponerse a prueba en situaciones de dificultad. A partir de 2015 en que aquella situación cambia, es cuando la aplicación del art. 99 encontró serias dificultades, pero no, a mi juicio, por defectos de ese precepto constitucional, sino por defectos de su interpretación por los dirigentes políticos, que no acomodaron su sentido a una realidad parlamentaria que ya no era bipartidista o cuasi bipartidista.

En esa situación y, en consecuencia, en la búsqueda de los necesarios acuerdos para lograr la investidura de presidente de Gobierno, lo que no cabe es echar sobre las espaldas del Rey una decisión (la de concertar pactos de gobierno) que sólo a los políticos corresponde adoptar. De ahí que, de un adecuado cumplimiento de lo previsto en el art. 99 de la Constitución, se deriva que a las consultas regias los responsables políticos de los grupos con representación parlamentaria debieran acudir con los «deberes hechos».

Que ello no haya sucedido en España en los últimos ocho años sólo puede comprenderse, me parece, a partir de una situación que nuestro régimen parlamentario ya venía atravesando desde tiempo atrás, caracterizada por una excesiva polarización y un cerrado enfrentamiento entre los dos grandes partidos nacionales representativos del centro-derecha y del centro-izquierda. El consenso entre ambos, en los grandes asuntos del Estado, que hizo posible el nacimiento de la Constitución y su posterior desarrollo, desapareció, sin embargo, y lamentablemente, desde los primeros años de este siglo, pero más aún desde 2016. Y es ese consenso el que debe recuperarse, no sólo para los necesarios pactos de gobernabilidad, sino también para los pactos transversales en los asuntos fundamentales del Estado que afectan a las líneas maestras de nuestro sistema político y social.

A mi juicio, y volviendo a la investidura de presidente del Gobierno, lo que debe descartarse, y quiero insistir en ello, es que las dificultades que ésta ha tenido en los últimos tiempos se deban también a la falta de activismo del Rey para superarlas, por no haber presionado con más fuerza a los partidos nacionales para que pactasen o, ante la falta de acuerdos, no haber propuesto a un candidato independiente situado al margen de la contienda entre partidos en vista de que ellos no pactaban.

Esta hipótesis, defendida por algunos políticos e incluso por algunos juristas, estimo que debe ser rechazada. En ninguna Monarquía parlamentaria, y menos aún en la nuestra, el Rey puede ser activista, pues quien ejerce ese tipo de poder acaba, inevitablemente, adquiriendo responsabilidad y ello podría significar un auténtico riesgo para la propia Monarquía parlamentaria que, por principio, ha de ser políticamente neutral.

Ahora bien, en la Monarquía parlamentaria, un Rey neutral no es, sin embargo, un Rey «neutralizado» y, en consecuencia, tiene el derecho de «advertir» y «aconsejar» en relación con los asuntos «ordinarios» que requieren de su participación, pero, y ahora doy en paso más en mi exposición, también en relación con los casos «extraordinarios» en que la Constitución corra un patente y grave peligro. Eso último es precisamente lo que sucedió con motivo de los acontecimientos producidos en Cataluña en otoño de 2017.

Ante aquellos hechos gravísimos de subversión del orden constitucional, el Rey actuó, cumpliendo, sin duda, con sus obligaciones y utilizando sus derechos de «animar y advertir» consustanciales a la función del Monarca parlamentario. Su modélico mensaje del 3 de octubre de 2017 fue decisivo para que aquella situación se resolviese. Mediante aquella alocución, medida y exacta, el Rey no ejerció directamente el poder, pero sí «animó y tranquilizó» a todos los españoles, «advirtió» de la suma gravedad de lo sucedido y «recordó» a los órganos competentes del Estado su deber de actuar para poner fin a ese abierto desacato a la Constitución. Todo ello sí que entraba en su deber de lealtad a la Constitución que ésta le demanda y con lo que él se había comprometido, como dije al comienzo de esta conferencia, desde el mismo momento de su acceso al trono. Un Rey «constitucional» no podía actuar de otra manera.

De todos modos, es procedente señalar una diferencia capital entre esa actuación de D. Felipe VI y la anterior de su padre, D. Juan Carlos I frente a los acontecimientos producidos el 23 de febrero de 1981. En ambos supuestos se trataba de la realización de un mismo cometido, el cumplimiento del deber del Monarca de «hacer guardar» la Constitución ante una situación excepcional de patente y grave rebeldía frente a ella, pero los medios utilizados fueron distintos, en razón de que también lo fueron las circunstancias. Entonces, frente al intento de golpe de Estado de 1981, el Rey hubo de actuar asumiendo directamente el poder ante la imposibilidad material de que actuaran los órganos competentes para ello, al encontrarse secuestrados por los golpistas tanto los Diputados como el Gobierno. En cambio, frente a la subversión constitucional producida en Cataluña y encabezada por las propias instituciones autonómicas, el Gobierno y las Cortes Generales no estaban imposibilitadas para ejercer sus competencias, de ahí que el Rey no tuviese que suplirlos asumiendo un poder inmediato y directo, sino ciñéndose únicamente a trasmitir a los españoles que nuestro Estado de Derecho tenía instrumentos suficientes para resolver la situación, advirtiendo además a los órganos estatales competentes de su obligación constitucional de utilizarlos, lo que, efectivamente, después sucedió con la aplicación del art. 155 de la Constitución y con la actuación de los tribunales de justicia, incluido el Tribunal Constitucional.

En el actual panorama político español no puede descartarse, lamentablemente, que se produzca en el futuro una situación que ponga nuevamente en notorio y grave riesgo la Constitución. Si ello ocurriese, tenemos los españoles la convicción de que nuestro Rey actuaría con decisión, como lo hizo el 3 de octubre de 2017, para hacerle frente. Ojalá que ello no suceda, de manera que el Rey no tenga que ejercer de modo «extraordinario» sus funciones. De la lealtad constitucional de las instituciones públicas y de los partidos sostenedores de nuestro sistema constitucional dependerá que otra situación así no se produzca y, en consecuencia, que el Rey sólo tenga que preocuparse por ejercer, con la prudencia y capacidad que hasta ahora lo ha venido haciendo, sus funciones «ordinarias» (y tan importantes) de vertebración institucional y de integración política y social.

Me adentro ya en la última parte de mi conferencia. Creo, por todo lo que acabo de exponer, que el balance de los diez primeros años de reinado de D. Felipe VI es enteramente positivo para nuestro sistema constitucional, social y democrático de Derecho[1]. D. Felipe VI, cuya legitimidad de origen no sólo es dinástica, sino que procede directamente de la voluntad popular que aprobó el texto constitucional en el que la Monarquía parlamentaria se inserta, al demostrar además, sobradamente, mediante sus actuaciones, lo que significa ser el Rey en esa Monarquía parlamentaria, se ha ganado, sin duda, una legitimidad de ejercicio reconocida por la inmensa mayoría de los ciudadanos, afianzando, pues, en España, una Monarquía parlamentaria que, como no puede ser de otra manera, está unida, inseparablemente, a una Constitución democrática.

---

1.   Sería injusto no reconocer que en el resultado de ese balance ha contribuido la ayuda que al Rey le han prestado los excelentes miembros de su Casa, encabezados por una persona admirable, el jefe de la misma, D. Jaime Alfonsín, que ha venido acompañando al Rey desde que, en 1995, fuera designado jefe de su Secretaría como Príncipe de Asturias.

En tal sentido, su convicción de que ni la Monarquía ni la democracia pueden subsistir sin el debido respeto a la Constitución la ha reiterado en múltiples ocasiones. Por acudir sólo a un ejemplo, basta con recordar las palabras que pronunció en su pasado mensaje navideño, y que cito: «Fuera del respeto a la Constitución no hay democracia ni convivencia posibles, no hay libertad, sino imposición, no hay ley, sino arbitrariedad. Fuera de la Constitución no hay una España en paz y libertad».

Los españoles, por fortuna, tenemos, pues, en nuestra Monarquía un firme asidero para enfrentarnos con éxito a los retos que el futuro nos pueda plantear. Sin que sea necesaria ninguna reforma legal (como es, por ejemplo, la criticable pretensión de algunos de que se dicte una ley general sobre la Corona) ni constitucional (como, también, por ejemplo, la criticable pretensión de reducir la inviolabilidad del Monarca) para mantener la Institución, ya que nuestra Constitución, a mi juicio, regula perfectamente el estatuto del Rey y las funciones de la Corona. Las posibles lagunas que, en casos concretos y de funcionamiento ordinario, pudieran darse, cabe resolverlas perfectamente, como hasta ahora, por reglamentos pactados con la Casa del Rey, por la costumbre y por la aplicación de las reglas no escritas que configuran en general a las Monarquías parlamentarias. El legislador, es decir, las cambiantes mayorías parlamentarias, no pueden tener en sus manos la regulación de esta materia, que está reservada, por su Título II, a la propia Constitución. La única reforma constitucional de ese Título que creo conveniente es la desaparición de la preferencia del varón sobre la mujer en el acceso al trono; pero eso, afortunadamente, la naturaleza la ha resuelto en cuanto a la sucesión de D. Felipe VI, de modo que tal reforma, conveniente, no tiene, por ahora, ninguna urgencia para llevarse a cabo.

Constatada la acertada regulación jurídico-constitucional de nuestra Monarquía parlamentaria, sí conviene, no obstante, destacar algunas características políticas que en esa Monarquía han de cumplirse para asegurar su permanencia. Nuestro Rey «constitucional» las conoce muy bien, pero es necesario que también las conozcan y practiquen nuestros gobernantes y nuestros principales partidos. Me refiero a que la Monarquía parlamentaria requiere, para su adecuado funcionamiento, de la leal colaboración de los poderes políticos con el

Monarca, de manera que, cuando esa leal colaboración no se da, la Monarquía parlamentaria puede entrar en crisis, de la misma manera que, siendo «monarquía parlamentaria», si el régimen parlamentario no funciona debidamente, también puede ponerse en riesgo a la propia Monarquía. No cabe una monarquía en un régimen presidencialista (que sólo es posible en una república), advertencia muy necesaria en unos momentos como los actuales, en los que se tiene la tentación, sumamente incorrecta, de convertir el parlamentarismo español en un «parlamentarismo presidencialista».

Por último, el hecho de que en la Monarquía parlamentaria el Rey sea neutral ante las legítimas contiendas políticas, no significa que, por ello, y no me importa repetirlo, haya de ser un Rey «neutralizado», ya que, de un lado, si no tiene ninguna capacidad de actuación difícilmente podría cumplir la función de «arbitrar y moderar el funcionamiento regular de las instituciones» como la Constitución, en su art. 56, le encomienda. Y de otro, su firme compromiso con los principios y valores constitucionales le obliga a no permanecer impasible ante cualquier intento, regular o irregular, de destruirlos. Esto último no le confiere, sin embargo, y automáticamente, salvo en circunstancias excepcionales de incapacidad de *facto* de las instituciones competentes, un «poder» efectivo de «impedir», pero sí una «capacidad» efectiva de «advertir». Usando ésta con prudencia, pero también con firmeza cuando las circunstancias lo exijan, su actuación puede ser decisiva como, de hecho, así lo ha sido en nuestra historia más reciente.

Frente a los que, por ignorancia de lo que lo que la Monarquía parlamentaria significa, piensan que el Rey es una figura pública irrelevante, o un «mero adorno constitucional», la realidad nos confirma que ello no es así, que el Rey es una figura esencial por el gran valor que representa para el correcto funcionamiento del entramado institucional y la pacífica convivencia ciudadana, para el mantenimiento de la democracia constitucional y para la permanencia y estabilidad del Estado y de la nación.

Ahora bien, y no importa subrayarlo, esas capacidades del Rey en defensa y protección de los principios y valores constitucionales han de utilizarse sin quebranto de las reglas que, sobre el ejercicio del poder, la Constitución establece. Por ello, el Rey parlamentario ha de guardarse de aquellos que, presumiendo de amigos de la Monarquía, pudieran ser, quizás sin pretenderlo, sus peores enemigos, pidiendo al Monarca parlamentario lo que éste no puede dar, animándole a que ejerza un poder activo de rechazar actos o disposiciones adoptadas por los órganos públicos competentes, algo que, de ninguna manera, la Constitución (la nuestra y la de cualquier otra Monarquía parlamentaria) le atribuye. Si cediera a esa tentación (lo que nuestro Rey estoy seguro que no hará), no sólo incumpliría la Constitución, sino que adquiría una responsabilidad política que desembocaría muy probablemente en la desaparición de la propia Monarquía.

Este delicado equilibrio entre los derechos del Monarca de «advertir y animar», y su obligación de respetar las competencias «activas» del parlamento y el Gobierno, es otra de las características principales de la Monarquía parlamentaria: una forma política que, si bien puede preservar cómo pocas la estabilidad del Estado, necesita al mismo tiempo, para lograrlo, de un funcionamiento estable y constitucionalmente leal de las demás instituciones públicas. Por ello, a los políticos hay que exigirles la misma lealtad a la Constitución que el Rey tiene sobradamente probada, y la misma lealtad a la Corona que el Rey, en contrapartida, tiene al pluralismo político, social y territorial.

En estos momentos difíciles para nuestra democracia constitucional, la figura de un Rey ejemplar, como D. Felipe VI nos da confianza para que se mantenga en España la Monarquía parlamentaria y, con ella, no sólo la unidad y permanencia del Estado y de la nación, sino también la propia democracia constitucional con la que nuestro Rey está firmemente comprometido.

Además, la esperanza en la fértil continuidad de nuestra Monarquía parlamentaria está reforzada, a largo plazo, por el hecho de que contamos con una Princesa heredera, que ya ha mostrado su voluntad de seguir fielmente la senda marcada por su padre el Rey, como así lo expresó, hace pocos meses, no sólo al prestar el correspondiente juramento ante las Cortes Generales de lealtad a la Constitución, sino también al exponer, en su inmediato discurso pronunciado en el Palacio Real, que sabe perfectamente cuál es la función de un Monarca parlamentario y, por ello, el significado del compromiso que en el futuro, como Reina, habrá de asumir.

En su persona vemos garantizada la permanencia, en España, de la Monarquía, y podemos estar seguros (por las cualidades que adornan a la Princesa heredera) de que en ese futuro que deseamos remoto (pues la vida del Rey la guarde Dios por muchos años), tendremos una Reina sólidamente formada, ejemplar en su conducta personal e institucional, celosa del cumplimiento de sus obligaciones, una auténtica Reina «constitucional» que, como su padre (y uso las mismas palabras que él tanto ha repetido), «contribuirá al mantenimiento de la democracia constitucional, de la unidad del Estado y de la nación, y de la convivencia de los españoles en paz, igualdad, progreso y libertad».

Que ese es, ha sido y será el propósito de nuestro Rey, y que en un futuro lejano también lo será de nuestra Reina, no me caben dudas. Lo que deseo, por el bien de todos los españoles, es que los dirigentes políticos coadyuven a ese propósito con responsabilidad y lealtad.

He terminado.

Primera mesa redonda.

Un marco normativo para la Corona

RAÚL C. CANCIO FERNÁNDEZ
Patrono de la Fundación Pro Real Academia de Jurisprudencia y Legislación de España

Si hubiese que adjetivar, desde un prisma jurídico, lo que ha sido esta década de reinado de Felipe VI que ahora se celebra, el término densidad describiría muy ajustadamente unos años que han exigido a los poderes públicos la interpretación y aplicación de disposiciones constitucionales inéditas o muy escasamente invocadas durante la vigencia de la Norma Fundamental de 1978; la creación *ex novo* de normativa específica en aras de la mejor gobernanza y transparencia de la Casa Real; el diseño, organización y positivización de actos constitucionales solemnes y de índole singular como fue el juramento de la Princesa de Asturias o, sin ánimo de exhaustividad, lidiar con disolventes controversias acerca del rol del monarca constitucional en complejos episodios tanto políticos como puramente legislativos.

Pues bien, a todas estas cuestiones epidérmicamente referidas, se ha hecho frente desde el Estado de Derecho con los instrumentos normativos existentes. La pregunta pertinente es si esas herramientas han sido suficientes o adecuadas para dar respuesta cabal a estos retos inexplorados o, por el contrario, la regulación constitucional de la Monarquía y la subsiguiente necesidad o posibilidad de complemento o desarrollo normativos demanda de una ley universal sobre la Corona.

Para responder adecuadamente a esta cuestión nuclear, la Real Academia de Jurisprudencia y Legislación de España y su Fundación, han tenido la gratísima satisfacción y el honor de contar con algunas de las personas más indicadas para arrojar claridad, precisión y rigor a esta cuestión desde perspectivas tan diferentes como complementarias.

Manuel Fernández-Fontecha, Letrado de las Cortes Generales de larguísima trayectoria parlamentaria, aborda la cuestión con sólidos argumentos científicos, mediante los cuales explica que la reserva constitucional y la estructuralidad de su objeto, impiden la viabilidad normativa de una disposición universal de la Corona.

Por su parte, Diego López Garrido, Catedrático de Derecho Constitucional y también Letrado de las Cortes Generales, esgrime solventes «argumentos jurídicos, institucionales y políticos que justifican que no haya una ley para la Corona», con el siempre enriquecedor añadido de su larga experiencia política.

Benigno Pendás, Presidente de la Real Academia de Ciencias Morales y Políticas, analiza el tema desde un prisma histórico-político, alertando sobre los riesgos de la «inflación legislativa» y enfatizando la innecesaridad de «la ley de la Corona, porque la Constitución sólo establece ese formato para cubrir decisiones puntuales, como fue la abdicación», cuya ley considera un ejemplo de orfebrería legislativa, insistiendo en que «no cabe una ley general de la Corona, no sólo por razones jurídicas, sino por razones políticas (…)Todo lo que debe decirse de la Corona está ya en la Constitución».

Esta primera mesa redonda la abrocha el Académico de Número de la Real Academia de Ciencias Morales y Políticas, Francesc de Carreras, quien desarrolla un interesante análisis de la legitimidad de origen de la monarquía y su encaje constitucional.

En suma, excelencia, transversalidad y rigor para discernir si es o no necesaria una ley para la Corona en nuestro ordenamiento jurídico.

¿Una Ley para la Corona?

Felipe VI: una década de reinado

Manuel Fernández-Fontecha Torres
Letrado de las Cortes Generales

Autoridades, Señoras y señores académicos, Señoras y señores.

Quiero agradecer a la Real Academia de Jurisprudencia y Legislación de España la invitación a participar en esta jornada dedicada al examen de la primera década del reinado de S.M. el Rey D. Felipe VI, coincidiendo con el décimo aniversario de su proclamación ante las Cortes Generales. Debo esta invitación al Profesor Luis María Cazorla Prieto, Académico de Número de esta Corporación y Presidente de la Fundación, con quien he tenido la grata y formativa oportunidad de escribir allá por 2020 a instancia suya un libro sobre el interrogante recién planteado de si es posible una Ley de la Corona.

La cuestión de si cabe una Ley de la Corona pertenece a un campo conceptual más general, el contenido o materia de la Constitución. Los caracteres de la norma constitucional han sido bien estudiados: supremacía como categoría general, derivada de los principios de prioridad o primacía y jerarquía, rigidez, aplicación directa, vinculación, a diferencia del problema de su contenido, ideal y real, que es esencial para llegar a una conclusión sobre la posibilidad de existencia de esa Ley.

El contenido ideal es prejurídico y evoluciona con el principio democrático. Es el afuera de la Constitución, lo externo absoluto, la relación social, y se vincula inmediatamente con la capacidad y con los límites del poder constituyente, originario o derivado, y, por tanto, con los límites de una eventual reforma constitucional, sobre todo en la llamada reforma total. Es decir, bajo una nueva forma de pensar y superando el contractualismo por el concepto también nuevo de poder constituyente, ese contenido predetermina, enjuicia y condiciona la Constitución moderna en el sentido de Bruno Latour, desde una relación constituida *a priori* de requerimientos, derivados del análisis en paralelo de la teoría política, en un enfoque conjunto propio del pensamiento alemán de principios del siglo XX, fundamentalmente de Georg Jellinek. Es decir, se comprueba la autenticidad de la regulación constitucional a través de su contraste con la especulación de la filosofía política sobre el mejor régimen. Ese carácter indisponible da lugar años más tarde, recordando en cierto modo a Lassalle, a las categorías de Loewenstein, en especial la relativa a la Constitución normativa, radicalmente separada en esa obra de la Constitución nominal y de la Constitución semántica.

El contenido real es contingente, se refiere a lo *dado,* al contenido de la Constitución positiva, y por tanto a un ejercicio de contraste entre texto vigente y norma o acto, y limita las modificaciones no desde el *a priori* o contenido ideal sino desde dos elementos relacionados: (i) la reserva formal de contenido y (ii) la fuerza y resistencia a la modificación o derogación por otra norma de sus normas por el hecho de ser ya normas constitucionales. La cuestión de la reforma constitucional ha permitido plantear a su vez si una norma puede establecer las condiciones para su propia sanción, incluyendo la manera en que ella puede ser modificada, una variante de la reflexividad, con resultado de una imposibilidad lógica que fue advertida por el realismo jurídico. Una proposición no puede referirse a sí misma, dirá Ross.

Los dos tipos de contenido delimitan la materia constitucional en dos sentidos, el primero el de reservar las modificaciones a una reforma constitucional y excluir con toda intención las normas de la competencia del legislativo ordinario, y el segundo el de determinar la nulidad de las disposiciones y resoluciones que las vulneren. Aquí hay que señalar que a los efectos de la calificación formal de la norma hay una referencia del máximo interés en el artículo 138 de la Constitución italiana, que se refiere expresamente a «las leyes de revisión de la Constitución y demás leyes constitucionales», precepto que parece ampliar a través del segundo inciso el alcance del rango constitucional a leyes que no son leyes de reforma, lo que ha planteado múltiples interrogantes no resueltos. Sin embargo, en la línea de protección del contenido, al comentar el precepto la Corte Costituzionale ha afirmado que de un texto positivado se pueden extraer, esta vez *a posteriori*, principios supremos que no pueden ser subvertidos ni modificados en su contenido esencial ni siquiera por leyes de revisión constitucional u otras leyes constitucionales (entre otras, Sent. 1146 del 1988 y Sent. 203 del 1989, atrayendo a la competencia de la Corte Costituzionale el examen del contenido material de las reformas de la Constitución). Interpretación que significa una ampliación del contenido protegido de la materia constitucional mediante la declaración de esos principios como irreformables, una especie de contenido ideal derivado de una operación interpretativa integral del contenido real.

Sentadas estas ideas generales, hay que decir que la decisión política fundamental puede no ser de nueva planta. Y eso es lo que se produce precisamente con la Corona, la presencia ya como realidad de la misma cuando aparece la obra de Sieyés sobre el Tercer Estado. Su desarrollo como entidad histórica se produce mediante un devenir estratificado, con fallas e interrupciones, y con superficies de estratificación determinadas por acontecimientos como 1789, momento en que la figura del Rey fue utilizada por el incipiente poder constituyente, como ocurrió en Francia en la Constitución de 1791, para convertirlo en órgano constituido, en una de las grandes antinomias dinámicas de la Asamblea Nacional Constituyente. Y desde ese mismo momento puede decirse que hay una polémica entre normatividad plena de la Constitución y atribución de naturaleza efectiva a las normas sobre la Monarquía que se incorporan. Ello ha dado lugar a una dialéctica negativa de la representación que suponen ambos órganos del Estado, prescindiendo de que, siguiendo a Voegelin, son dos tipos diferentes de representación.

Descartada una categoría de ley constitucional en nuestro ordenamiento, es decir, de una ley que se dice ley pero que exige el procedimiento de reforma, en el análisis de una posible Ley de la Corona pesa la naturaleza de la incorporación condicionada de una figura histórica, pero que se plantea, —y siempre se ha planteado— como sistema. La Constitución de 1978, siguiendo otros antecedentes, no recibe formalmente el propio Derecho histórico de la Monarquía, basado casi universalmente y de forma muy simple en la doctrina de la teoría estatutaria de la Corona en Francia en el siglo XV, construida por los juristas franceses de Nimes, especialistas en Derecho Romano, fundada en la indivisibilidad e inalienabilidad del reino y la indisponibilidad del rey sobre el sucesor.

La existencia o inexistencia de una Ley de la Corona tiene efectos jurídicos derivados e inmediatos en la organización de los Poderes del Estado. No es una cuestión teórica, pues afecta centralmente a su parte orgánica, cuya relevancia será recuperada en Estados Unidos por Charles Lund Black en relación con la aparición en el siglo XX del pensamiento estructural, en su corta pero decisiva obra *Structure and relationship in Constitutional Law*. La pretensión de la supuesta capacidad legislativa de ordenar la materia de la Corona recupera el debate de la Constituyente de Francia sobre el legislativo ordinario y el constituyente, y las facultades del Rey en la reforma de la organización del Estado, incluida la propia Corona, al plantearse situar una ley mediadora en la capacidad de los órganos legislativos ordinarios. La ampliación de la competencia de las Cámaras a la materia a través de una Ley de la Corona afecta a la organización de los poderes, la parte orgánica, pues una cosa es que la materia esté regulada por entero en una norma dotada de supremacía sobre las demás, y otra que el legislativo pueda legislar sobre ella. Ese es un primer obstáculo a la constitucionalidad de una Ley de la Corona.

Constituye un serio obstáculo a la admisión de una Ley de Corona, además de lo dicho, esa reserva formal por congelación del rango. Solamente fijando un orden jerárquico no se consiguen los fines de la prioridad, proyectada desde el dualismo ley-reglamento al paralelo Constitución-Ley, ya que hay un medio de eludir la primacía o prioridad del texto superior mediante la suplantación, es decir, trasladando el contenido de la norma del escalón superior a la norma del escalón inferior, norma jerárquicamente subordinada lo mismo que la superior, pero por sí misma y sin remitirse a ella. Para hacer frente a ese posible recurso aparece la noción de reserva, que asume que algunas materias de la ley superior tienen que ser precisamente reguladas por esta. Esa característica del sistema, que opera mediante reservas, no autoriza sin embargo la creación ex nihilo de un tipo especial de ley orgánica facultativa ajena a las reservas, que se pretenda justificar en lo omitido, lo no previsto, lo confuso, lo contradictorio o lo políticamente oportuno.

Otro aspecto es que la Ley de la Corona tal y como se planteó en 2020 es una ley que quiere ser integral. No es un simple desarrollo de algunas cuestiones, sino una ley que serviría como norma subordinada respecto de las cuestiones planteadas en el Titulo II de la Constitución, pues a lo que la propuesta se refiere es a un desarrollo legislativo que afectaría a la materia de la Monarquía. En la respuesta a la pregunta, y en la oportunidad de la introducción de la cuestión en el debate político en 2020 no se hacía referencia a un desarrollo de algunas materias, sino a toda la materia, aunque las cuestiones más mencionadas eran la inviolabilidad y la responsabilidad. Naturalmente, para ese propósito de totalidad sería necesario que todos los preceptos fueran iguales, lo que no ocurre en la realidad constitucional.

En mi opinión los artículos 56 y 57 excluyen la posibilidad de la Ley de la Corona. Ambos son cerrados y sin ellos no hay Título II, por desaparecer el sujeto. El articulo 56 tiene un carácter de principio, en cuanto se refiere a la competencia del órgano constitucional, pues, utilizando la expresión de Jellinek, fija heterónomamente la competencia de aquel poder que conserva al Estado y lo pone en movimiento, aunque no determine sus políticas. Definición y ámbito de aplicación que excluyen que la Monarquía de la Constitución de 1978 sea pura presencia silenciosa o mera representación por símbolos. El artículo 56 define un poder eficiente, no a un poder dignificado, ni a un poder sin competencias. Basta comprobar su coincidencia con el artículo 5 de la Constitución francesa de 1958.

El segundo fija el orden sucesorio con su cláusula central y con la regulación añadida y es una prueba evidente de que el tiempo es el concepto, como tiempo histórico el que se refiere, fijando irrevocablemente el derecho a suceder. Es cierto que no se remite a un sistema de fuentes propio ni a otro ordenamiento, y esa es una razón más a favor de la imposibilidad de desarrollo.

Partiendo de esa conclusión, el Título II se configura como una compleción de discurso efectivo, en principio solo a los efectos de la reforma constitucional agravada, lo que excluye el recurso a otras normas de diferente naturaleza, leyes o decretos como tipos más cercanos, excluyendo alterar o integrar el mismo, según la STC 76/83, de 5 de agosto. Sería el caso de una reserva absoluta de Constitución, que excluiría incluso la solución de contradicciones no solucionadas por una interpretación literal del caso concreto, como ha ocurrido con el refrendo, la inviolabilidad o las competencias.

La referencia en el artículo a la dinastía histórica, aunque en realidad se refiera al sucesor y no al heredero, es una señal que también apunta a esa reserva absoluta, pues es mención, no remisión ni recepción. Se ha excluido expresamente la vigencia directa de esas disposiciones históricas, sustituidas por una redacción del orden de suceder, que no las invoca, sino que más bien las repite.

Por otro lado, las remisiones de actualización de los mandatos de los artículos 57 a 65, abdicación, renuncia, inhabilitación, regencia, tutela, extinción de líneas, no se hacen a leyes, salvo el caso del artículo 57.5. La posibilidad de desarrollo se deja a las Cortes, como prueba el artículo 74.1. Es sin duda el mejor argumento para la plenitud del Título II y en contra de una ley de la Corona, porque tan importantes cuestiones no se resuelven por medio de una delegación o previsión como en las leyes orgánicas previstas en la propia Constitución, sino mediante una potestad ordenadora de las Cortes, es decir, un mandato-habilitación a las Cortes en sesión conjunta para aplicar decisiones esenciales, actos de Cortes en la terminología histórica, como la provisión del cargo en el caso de extinción de líneas. La renuncia de los artículos del Título II a la integración de normas históricas y la apertura a leyes orgánicas del apartado 5 exclusivamente consideradas como leyes de dación de eficacia o leyes interpretativas, es también una señal para descartar una Ley de la Corona que suponga la intervención de la legislatura ordinaria en decisiones fundamentales. Por esa razón cabe sostener también fundadamente la tesis de la imposibilidad de una Ley de la Corona.

Muchas gracias por su atención.

¿Una Ley para la Corona?

Una perspectiva política

DIEGO LÓPEZ GARRIDO
Catedrático de Derecho Constitucional

Ante esta pregunta, mi tesis es rotunda: no cabe regular la institución monárquica por medio de una norma con rango de ley. Quiero ser preciso: cabría una reforma constitucional, por ejemplo, acabando con la patente e inaceptable discriminación de la mujer en el acceso a la jefatura del Estado. Pero no procede utilizar la ley como procedimiento normativo en relación con la Corona. Ni la ley orgánica (sus contenidos posibles están definidos en el artículo 81.1 de la Constitución), ni la ley ordinaria, ni, por supuesto, el Decreto-Ley.

La única excepción a lo anterior procede de la propia Constitución en su artículo 57.5, que dice:

> «las abdicaciones y renuncias y cualquier duda de hecho o de derecho que ocurra en el orden de sucesión a la Corona se resolverán por una ley orgánica».

Este es el caso de la Ley Orgánica 3/2014, de 18 de junio, por la que se hace efectiva la abdicación de su Majestad el Rey Don Juan Carlos I de Borbón.

En cuanto a la ley ordinaria, hay solo una regulación indirecta de la Casa Real, dentro de una norma de derecho administrativo, en la ley 19/2013 de transparencia.

En suma, la normativa de la Corona y de los asuntos relativos directamente a la misma son «reserva de Constitución», como se ha señalado desde la doctrina.

Hay tres tipos de argumentos que justifican la tesis que mantenemos: jurídicos, institucionales y políticos.

1. Argumentos jurídicos

La Constitución prevé leyes generales de desarrollo para cada uno de los <u>órganos constitucionales,</u> es decir, aquellos cuya composición y funciones están definidas en el texto constitucional. Así, la ley para el gobierno (art. 98 CE); para las Cortes Generales (reglamentos de las cámaras y el *non nato* para las reuniones conjuntas), art. 71.1 CE; para el Consejo General del Poder Judicial (art. 122 CE); para el Tribunal Constitucional (art. 159 CE); y para los otros órganos de relevancia constitucional (p.ej. el Defensor del Pueblo y el Tribunal de Cuentas). Sin embargo, la Constitución no se remite a una ley para la regulación de la institución de la Corona.

De hecho, en la práctica legislativa, las normas referidas al Rey han sido siempre de rango inferior a la ley, desde las normas sobre la Casa del Rey en el Real Decreto 434/1988.

Cabría citar normas sobre diversos temas: Intervención General del Estado fiscalizadora de la Casa Real (18.9.2014); prohibición a la infanta Cristina de utilizar el título de Duquesa de Palma de Mallorca (R.D. 470/2015); estructura de la Casa del Rey y valores éticos (R.D. 772/ 2015); y, especialmente, el Real Decreto 297/2022, que reúne normas sobre el código de conducta del personal de la Casa del Rey, las reglas sobre regalos, préstamos, herencias y retribuciones de la familia real, y el control presupuestario y finanzas del aparato administrativo del Jefe del Estado. Todas son disposiciones de rango inferior a la ley.

2. Argumentos institucionales

Bagehot expresó las potestades del Rey con la conocida frase: «animar, advertir y ser consultado». Siempre dentro de una confidencialidad necesaria.

Las funciones y naturaleza de la Corona y el Jefe del Estado hacen innecesaria —incluso imposible— una ley para la Corona.

El artículo 56.1 de la Constitución se refiere a las características y potestades de la institución monárquica: simbólica, arbitral, moderadora, la más alta representación en las relaciones internacionales, y las que «expresamente» le atribuyen la Constitución y las leyes. Es una redacción limitativa y precisa.

Por otra parte, el artículo 56.3 de la Constitución establece la inviolabilidad de la persona del Rey que, según jurisprudencia de la Audiencia Nacional, no está sujeta a responsabilidad alguna (incluso la responsabilidad patrimonial por daños a terceros, de las que respondería la Casa Real, no el patrimonio personal del Rey). Es responsable quien refrenda los actos del Rey.

En un caso extremo de incumplimiento grave y evidente de sus funciones constitucionales (por ejemplo, negarse a sancionar las leyes), el Rey seguirá siendo inviolable, por lo que, en mi opinión, solo cabría la salida de la inhabilitación prevista en el artículo 59.2 de la Constitución.

Los artículos 57 y 59 sobre sucesión, regencia y tutela no requieren regulación ulterior.

Por otra parte, el Rey no debe opinar sobre decisiones políticas, y ha de coincidir con el Gobierno en sus posiciones en política internacional.

Visto lo anteriormente expuesto y que el Rey no tiene «poderes implícitos», a diferencia de un Jefe de Estado presidencialista como el de EEUU, puede afirmarse que una ley de la Corona es innecesaria y, diría, hasta «imposible». La Constitución es el lugar que define por completo a la figura del Rey.

3. Argumentos políticos

En la década de Felipe V los acontecimientos de mayor trascendencia política que han afectado a la jefatura del Estado han sido abordados por el Rey aportando estabilidad. No se ha echado en falta ni se ha apreciado una ausencia de normativa con rango de ley al respecto.

Vamos a destacar diez situaciones relevantes en las que el comportamiento del Jefe del Estado ha estado comprometido y que se han enfocado por éste con una actitud generalmente correcta y adecuada.

Haremos un orden cronológico de los supuestos:

1. La abdicación del Rey Juan Carlos el 19 de junio de 2014, seguida de una muy visible ruptura en el seno de la familia real que se extiende a 2020. Felipe VI llega a renunciar a la hipotética herencia de su padre, en un gesto puramente político, dado que jurídicamente carecen de efectos las renuncias en vida del testador.

2. El 22 de diciembre de 2015 ganó las elecciones generales el Partido Popular. Ante la negativa de Rajoy a presentar su candidatura a ser investido presidente del Gobierno, Felipe VI opta por proponer a Pedro Sánchez con objeto de agotar el plazo de dos meses para convocar elecciones de nuevo el 26 de junio de 2016.

Rajoy vuelve a ganar las elecciones, sin mayoría suficiente por sí solo para ser elegido presidente del Gobierno. El PSOE facilitó la investidura con su abstención, con la oposición explícita de Pedro Sánchez, que fue expulsado de la comisión ejecutiva de su partido, creándose una profunda crisis en el partido socialista.

La actuación del Rey fue todo lo correcta que pudo ser en el transcurso de esta delicada coyuntura política.

3. El «procés» (2012-2017). Ante la falta de reacción de Rajoy, el Rey Felipe VI hace el discurso más discutible y arriesgado de su reinado. Un discurso muy duro contra los comportamientos de los líderes independentistas, el 3 de octubre de 2017. Felipe VI se situó al borde de sus funciones constitucionales, adoptando una posición de carácter netamente político ante la crisis interna del Estado español.

El 12 de octubre de 2017 se puso en marcha el artículo 155 de la Constitución, con el acuerdo del Senado y del PSOE.

4. La etapa de Pedro Sánchez al frente del poder ejecutivo arranca de un modo insólito: a través de una moción de censura constructiva el 21 de junio de 2018. El Rey actuó conforme a la Constitución con nitidez.

El tiempo de Pedro Sánchez al frente del Gobierno, con elecciones en 2018, 2020 y 2023, ha estado presidido por un notable cambio en el escenario político: fragmentación partidista y, por vez primera, un gobierno de coalición progresista que aún continúa. En el transcurso de esta etapa no se ha evocado la necesidad de una ley de la Corona. El Rey se ha situado en el lugar que le asigna la Constitución, y ello ha actuado de contrapeso a la inestabilidad política que vive nuestro país y el conjunto de la Unión Europea, como se ha podido constatar en las recientes elecciones al Parlamento Europeo.

5. La pandemia de la Covid-19 y el estado de alarma decretado por el Gobierno fue, por supuesto, otro factor de inestabilidad. Las instituciones españolas han afrontado correctamente la gravísima situación humanitaria, entre ellas la Jefatura del Estado.

6. Otro acontecimiento crítico lo fue el gran incidente con Marruecos, y, en relación con este país, la sorpresiva decisión del presidente del Gobierno de cambiar en 180 grados la posición de España respecto al Sáhara Occidental, asumiendo la política anexionista del país vecino.

El Rey, afectado institucionalmente por esta decisión de política internacional y de Estado, ha mantenido su coincidencia con el Gobierno, como no podía ser de otra manera.

7. La invasión rusa de Ucrania el 24 de febrero de 2022 ha introducido en Europa una dinámica de profunda disrupción, en la que el apoyo a Ucrania ha sido absolutamente sólido de parte de las instituciones del Estado. Entre ellas el Rey, en coincidencia con el Gobierno. Coincidencia explícita, como se ha puesto de manifiesto en el discurso del Rey de 6 de enero de 2024, con motivo de la Pascua militar.

8. La guerra de Gaza, en la que el Gobierno de Israel está respondiendo al ataque terrorista de Hamás con una acción militar devasta-

dora (cerca de 38.000 palestinos muertos, mujeres y niños en primer plano) que ha sido condenada por España de forma indubitada. Frente al genocidio no cabe otra respuesta.

No solo eso. El Gobierno de España ha reconocido al Estado palestino, como otros países europeos (Noruega, Irlanda) y no europeos. La coincidencia entre Gobierno y Jefatura del Estado ha sido evidente.

9. La ley de amnistía, que acaba de ser aprobada por el parlamento español, ha sido sancionada por el Rey, como establece la Constitución. Se trata de otro momento político crítico, en el que no cabe otra cosa que la coincidencia entre Gobierno y Jefe del Estado.

10. Por último, nos referiremos a la atmósfera de fuerte polarización que inunda la escena política española y europea. En este «momentum» es más que nunca imprescindible la lealtad entre las instituciones del Estado. Felipe VI la ha mantenido en la primera década de su reinado.

En una encuesta realizada en agosto de 2020 por 40 dB, Felipe VI fue valorado positivamente. Solo el 19% de los encuestados expresaron una opinión de «mala» o «muy mala» respecto de la ejecutoria del Rey. Lo que añade a su figura de monarca parlamentario una legitimidad de ejercicio, junto a la originaria.

Hay que reconocer el mérito que tiene esa valoración sobre un Jefe de Estado que no está controlado por el Parlamento. Las Cortes Generales no tienen atribuida la potestad de controlar al Jefe del Estado. Por ello, es imprescindible una «autocontención» en la figura que ostenta la institución. Un cargo público no controlado políticamente en su conducta, salvo por la opinión pública, y que es inviolable, ha de desarrollar con la máxima responsabilidad su acción o inacción («silencio significativo»).

A ello se añade que no cabe una ley de la Corona —excepto las previstas en el artículo 56 de la Constitución— que pudiera limitar las potestades un tanto abstractas del Rey en el sistema político español, que es definido como «monarquía parlamentaria» en un Estado Social y democrático de Derecho.

La Ley de la Corona es la Constitución

BENIGNO PENDÁS GARCÍA
Presidente de la Real Academia de Ciencias Morales y Políticas

Con motivo de la exitosa primera década de la «Monarquía renovada para un tiempo nuevo», el mundo académico ha organizado múltiples actos conmemorativos desde el rigor que es propio de la excelencia intelectual y desde la posición institucional que corresponde al Rey en el ejercicio del Alto Patronazgo de las Reales Academias. Citaré únicamente aquellos en que he sido llamado a participar. La Real Academia de Ciencias Morales y Políticas —que tengo el honor de presidir— organizó dos jornadas de debate sobre la Corona en la Constitución en colaboración con REMCO (Red de Estudio de las Monarquías Contemporáneas). La revista *El Cronista del Estado Social y Democrático de Derecho*, bajo la dirección del profesor Muñoz Machado, ha publicado un número extraordinario con amplia participación de miembros de varias Academias. En la Junta General del Principado de Asturias se presentó una obra colectiva, coordinada por el profesor Ramón Punset, con notables capítulos a cargo de catedráticos universitarios. La cátedra «Monarquía parlamentaria» que dirige Juan José Laborda en la Universidad de Burgos organizó un ciclo de conferencias en el que tuve ocasión de intervenir, junto con colegas tan ilustres como Adela Cortina y Jaime Alfonsín. En fin, me requiere ahora Luis Cazorla, buen amigo y excelente jurista, para presentar una ponencia en la brillante jornada organizada al respecto en la Real Academia de Jurisprudencia y Legislación de España.

Me he pronunciado reiteradamente acerca del significado de la Corona en la Historia de España, subrayando su *hoja de servicios* al Estado y a la Nación. En particular, me parece adecuado calificar al Rey Felipe VI como el *Rey de la Ilustración*, cuyo modelo reconocido es Carlos III, impulsor de aquellas reformas modernizadoras al servicio de la «felicidad» de los españoles. Esta doctrina ilustrada del Rey como primer servidor del Estado es el fundamento de sus funciones constitucionales como Rey-Embajador, Jefe de las Fuerzas Armadas, árbitro y moderador y el resto de las que le atribuye la Norma Fundamental.

Me propongo en esta breve ponencia dar respuesta a la pregunta que se plantea en la mesa redonda para la que fui requerido. ¿Hace falta una Ley de la Corona? Respuesta negativa, que comparto con otros distinguidos colegas. No es oportuna una Ley de la Corona, porque, si se aprueba una ley principialista, sería perfectamente inútil, y si se elabora una ley reglamentista, sería perturbadora. Pero el argumento principal es el que da título a esta breve comunicación: *la auténtica Ley de la Corona se contiene en el título II de la Constitución*. Veamos ahora sus perfiles más destacados[1].

El protagonismo de la Corona en el origen y desarrollo de la España constitucional es una evidencia reconocida de forma unánime. Don Juan Carlos, «piloto» del cambio, y Don Felipe, con la «Monarquía renovada para un tiempo nuevo», han ejercido de forma impecable las funciones propias del Jefe del Estado en una Monarquía parlamentaria, «forma política del Estado», de acuerdo con el artículo 1.3 de la Constitución. Un precepto, por cierto, que fue discutido en su día a partir de criterios doctrinales sobre los conceptos «forma de Estado» y «forma de gobierno», pero que resulta muy significativo en el contexto histórico de la Transición. Como dijo el senador y académico Carlos Ollero, la Monarquía fue «ascendida» de categoría, con buenos motivos, de forma de gobierno a forma política. Al margen del caso español, hay también muchas y buenas razones para afirmar, con Emilio Lamo de Espinosa, que la conexión entre Monarquía (obviamente en su versión parlamentaria) y democracia es «algo más que conllevanza»,

---

1. Agradezco a Pablo Javier PENDÁS PRIETO, letrado de las Cortes Generales, que ponga a mi disposición el texto que publicó en la *Enciclopedia de las Ciencias Morales y Políticas para el siglo XXI*.

puesto que ofrece un ámbito considerable de «legitimidad racional», según los términos bien conocidos de Max Weber. Es notorio que muchos de los países más democráticos y progresistas del mundo optan desde hace siglos por la forma monárquica. Se trata, sin duda, de un argumento muy convincente frente a planteamientos simplistas, impropios de una sociedad abierta y dinámica como la española.

El título II de la Constitución (arts. 56-65) forma parte de su núcleo esencial, como refleja la exigencia de procedimiento agravado para su reforma (art. 168.1 CE), tesis reiterada por el dictamen del Consejo de Estado respecto a la eventual modificación del art. 59. La posición constitucional del Rey es propia de una Monarquía parlamentaria, de modo que se transforma en Derecho escrito el modelo consuetudinario británico. No hay rastros de una Monarquía «constitucional», puesto que las funciones del Rey están intrínsecamente vinculadas con el respeto al principio democrático. La mejor doctrina clásica (Jellinek, Smend y otros) insiste en la función de la Corona como elemento de integración política, y así también, en España, Herrero de Miñón; sin olvidar en este punto la célebre cita de Walter Bagehot: *to be consulted, to encourage, and to warn* son los derechos propios del monarca según la Constitución histórica.

El art. 56 CE ofrece una relación especialmente rigurosa desde el punto de vista jurídico acerca de las funciones del Rey: es «Jefe del Estado», con las consecuencias que de ahí se derivan a efectos de Derecho Internacional; «símbolo de su unidad y permanencia» (no solo del Estado, cabe interpretar, sino también de la Nación española, titular de la soberanía); «arbitra y modera el funcionamiento regular de las instituciones», fórmula actualizada de la teoría clásica de Benjamin Constant; «asume la más alta representación del Estado español en las relaciones internacionales, especialmente con las naciones de su comunidad histórica», como luego veremos; en fin, también «ejerce las funciones que le atribuyen expresamente la Constitución y las leyes».

A partir de este marco jurídico-político, el título II desarrolla las competencias efectivas del Rey de España. En el ámbito internacional, es frecuente utilizar la fórmula «el primer Embajador», o con una valoración muy merecida: «el mejor Embajador». Desde la Transición (recuérdese el importante discurso de Don Juan Carlos ante el Congreso de los Estados Unidos, el 2 de junio de 1976) y hasta la actualidad (por citar un ejemplo entre tantos: Don Felipe ante el Consejo de Europa, el 27 de abril de 2017), la imagen internacional de España se asocia con la presencia activa y eficaz de la Corona en las instancias formales e informales donde se desarrolla la actividad diplomática al más alto nivel. El art. 63 CE precisa este ámbito funcional en referencia a la acreditación y recepción de embajadores (63.1); la manifestación del consentimiento del Estado para obligarse por medio de tratados (63.2), y la felizmente inédita función de declarar la guerra y hacer la paz, obviamente previa autorización de las Cortes Generales (63.3).

Entre las funciones de naturaleza legislativa, el art. 91 CE establece la facultad de sanción y promulgación de las leyes, así como la de ordenar su inmediata publicación, cuya naturaleza puramente formal convierte en obsoletos los viejos debates sobre la condición jurídica de dichas instituciones, vinculadas en su día con el derecho de veto, superado por la evolución histórica. De ahí que no se haya planteado (seriamente) ningún debate sobre la firma por el Rey de la reciente Ley de Amnistía, acto debido en el sentido estricto del concepto. Al Rey no hay que pedirle, ni siquiera de buena fe, que haga lo que no debe, ni puede, ni quiere hacer.

En las funciones relacionadas con el Ejecutivo y el Legislativo es donde alcanza su mejor expresión la seña de identidad parlamentaria de nuestra Monarquía. Así, el Rey convoca y disuelve las Cortes; convoca elecciones y referendos; propone candidato y, en su caso, nombra o cesa al presidente del Gobierno; nombra y separa a los ministros; expide los decretos; confiere los empleos civiles y militares; concede honores y distinciones; ejerce el derecho de gracia, y nombra a los cargos principales del Poder Judicial... Todo ello, como es de sobra sabido, previos los trámites y requisitos que se regulan con el necesario detalle en la Constitución, en las leyes o en los reglamentos parlamentarios. El andamiaje jurídico funciona correctamente gracias a la impecable neutralidad y contención de los titulares de la Corona en el día a día del funcionamiento del Estado, desde hace ya más de cuarenta años. Por citar un único ejemplo: Zarzuela supo hacer caso omiso de las propuestas poco meditadas para buscar un candidato *sui generis* a la Presidencia del Gobierno pese al fracaso de las rondas de consultas derivadas del art. 99 CE. Lo mismo cabe decir, aún con mayor motivo, de la delicada función que encomienda al Rey el art. 62, h) CE, «el mando supremo de las Fuerzas Armadas»: al margen de la ocasión excepcional del 23-F, la práctica reiterada ha traducido dicha función en una cercanía afectuosa y un apoyo permanente del monarca a los Ejércitos, con absoluto respeto a la dirección de la política militar que la Constitución atribuye lógicamente al Gobierno (art. 97 CE).

No debe faltar aquí una mención expresa al «alto patronazgo de las Reales Academias» (art. 62, j, CE), que los Reyes han ejercido y ejercen con su presencia frecuente en actos solemnes y su permanente atención y aliento a las actividades académicas.

La clave del buen funcionamiento de una Monarquía «democrático-parlamentaria» (el término lo utiliza G. de Vergottini) es el *refrendo*, en conexión directa con las reglas históricas y actuales, plenamente justificadas por la naturaleza de esta forma de gobierno: *the King can do not wrong* y la inviolabilidad e irresponsabilidad jurídica del monarca, a las que cabe añadir la novedosa regulación del aforamiento de otros miembros de la Casa Real (Reina consorte y consorte de la Reina; Príncipe o Princesa de Asturias y su consorte; Rey o Reina que hayan abdicado y su consorte) ante las Salas de lo Civil y lo Penal del Tribunal Supremo, a partir de la L.O. 4/2004, de reforma de la LOPJ. Se superaba así, por cierto, una sorprendente laguna legislativa en un ordenamiento como el español, tan proclive a reconocer fueros singulares.

El refrendo (art. 64 y, para esa circunstancia concreta, art. 99 CE) conlleva la traslación de responsabilidad y la naturaleza de *acto debido* de la firma del jefe del Estado no deja margen para especulaciones (no siempre bienintencionadas) sobre la posición del Rey ante determinadas decisiones políticas. Más complejo es el supuesto refrendo «tácito» (respecto de mensajes, discursos, etc.), todavía poco y mal estudiado por nuestra doctrina.

Por último, en el marco de este título II constitucional, sucesión, regencia y tutela son reflejo indiscutible de la permanencia de la institución. Sobre sucesión, regulada por el art. 57 CE, existe acuerdo social y político acerca de la necesidad de eliminar la prevalencia del varón sobre la mujer. Así debería hacerse en el momento oportuno y sin precipitaciones perjudiciales para la institución y para el Estado. Por lo demás, el impecable proceso sucesorio, formalizado por la L.O. 3/2014, en su artículo único, es buena prueba de la vitalidad y el arraigo de la Corona en la sociedad española y en el funcionamiento de las instituciones democráticas. El «ruido» de algunas opiniones minoritarias, muchas veces coyunturales, no debe llamar a engaño sobre la plenitud democrática de la legitimidad de la Monarquía parlamentaria española, y así lo entiende una abrumadora mayoría de la sociedad española.

Contamos, pues, con un régimen jurídico de la Corona de notable rigor técnico y más que suficiente amplitud. No hace falta una Ley de desarrollo, que la Constitución no prevé. Sería, en el mejor de los casos, inútil. De ahí el criterio negativo muy mayoritario en nuestra mejor doctrina jurídica, que comparto sin reservas.

La monarquía parlamentaria española: su legitimidad de origen

FRANCESC DE CARRERAS SERRA
Académico de Número de la Real Academia de Ciencias Morales y Políticas

Buenas tardes a todos ustedes, gracias a la Fundación, a la Academia y a mi amigo Luis Cazorla por haberme invitado a participar en este acto.

Me he decidido a tratar este tema, la legitimidad democrática de origen de la monarquía parlamentaria española, por dos razones:

Primera. Siendo el cuarto ponente en esta mesa, imaginaba que el tema marco, es decir, si es necesaria una ley general que regule la monarquía, ya estaría suficientemente analizado y bien argumentado, como así ha sido.

Segunda. En la siguiente mesa redonda se tratará de la legitimidad de ejercicio de la institución monárquica, de acuerdo con lo que se anuncia en el programa. Por tanto, ahí queda un hueco por examinar: la legitimidad de origen de dicha monarquía porque, a pesar de que sea muy evidente su legitimidad democrática, hay que insistir en esta cuestión ya que es recurrente sostener que el origen de nuestra actual monarquía parlamentaria está en el franquismo y, en concreto, en la aplicación de sus Leyes Fundamentales.

Así pues, la monarquía de la Constitución de 1978, según estas opiniones, sería la continuidad de la monarquía instaurada por Franco. Frente a ello, hay que dejar claro que la monarquía parlamentaria y la Corona son creaciones de la misma, están legitimadas por la Constitución y solo por la Constitución. No hay, pues, origen franquista, sino sólo antecedentes históricos que explican este origen.

Vamos pues a examinarlo.

1. Los antecedentes históricos: Príncipe y Rey de las Leyes Fundamentales

El punto de partida es la Ley de Sucesión en la Jefatura del Estado de 27 de julio de 1947, una de las Leyes Fundamentales. Su art. 1 dice: «España, como unidad política, es un Estado católico, social y representativo que, de acuerdo con su tradición, se declara constituido en Reino». Un muy breve comentario.

Quizás España es un Estado católico si por ello entendemos confesional; quizás tiene un cierto sustrato de Estado Social, por ser intervencionista en economía, con muchas grandes empresas nacionalizadas englobadas en el INI (Instituto Nacional de Industria) y, aún sin reconocer la libertad sindical, existe un sindicato único dirigido por un ministro del gobierno. Por tanto, se puede argumentar que los calificativos de católico y social tienen alguna base razonable. Pero desde luego no es un Estado representativo en el sentido de las democracias liberales ya que no hay garantías de los derechos fundamentales, ni pluralismo político, ni elecciones libres: la democracia orgánica basada en representar a la familia, el municipio y el sindicato, es algo muy distinto —y contrario— a lo que se entiende por democracia representativa en los países occidentales de nuestro entorno cultural.

Además, en lo que nos interesa, tampoco es cierto que sea un Reino «de acuerdo con su tradición histórica». Cualquiera que sea esta tradición histórica, el Reino que se pretende configurar no es ni una monarquía absolutista, ni una monarquía liberal en cualquiera de sus formas, conservadora o progresista. Estas son nuestras tradiciones históricas. Se trata, por tanto, de un extraño Reino sin rey que no continúa ninguna tradición histórica y, por tanto, en puridad no es ningún Reino sino una dictadura personal institucionalizada en la que el jefe del Estado es un caudillo, legitimado por ser el vencedor de una guerra civil, que concentra todos los poderes, tanto constituyentes como constituidos.

El disfraz de llamarle Reino se debe al intento de Franco de contener a la endeble y fragmentada oposición conservadora interna (lo que queda de la CEDA, Renovación Española y la Lliga Catalana, además de algunos altos jefes militares) que desde finales de la Segunda Guerra mundial hasta 1947 intenta agrupar fuerzas para instaurar una monarquía con don Juan de Borbón, legítimo heredero dinástico, como Rey. Así, con la Ley de Sucesión se frena la débil actividad opositora de estas fuerzas y ello permite integrarlas —con algunas excepciones— en el ámbito del Régimen.

Más de veinte años después, el 22 de julio de 1969 y en aplicación de la Ley de Sucesión, don Juan Carlos de Borbón, hijo de don Juan, fue proclamado Príncipe de España (repárese, no de Asturias) y sucesor en la jefatura del Estado, en virtud del art. 6 de la Ley de Sucesión. En su discurso ante las Cortes, Franco deja claro que no se trata de una «restauración» sino de una «instauración»: esta monarquía sólo es legítima en virtud del «acto decisivo del 18 de julio» que «no admite pactos ni condiciones». Es decir, la legitimidad proviene únicamente de la victoria en la guerra civil.

En este complicado contexto, un Príncipe designado sucesor a título de Rey por la libre voluntad del mismo Franco, se encuentra cercado desde todos los frentes: primero, por buena parte de la clase política franquista, que desconfía de él; segundo, por toda la oposición democrática al ser el hipotético sucesor de un dictador nombrado con el único objetivo de continuar el Régimen nacido el 18 de julio; e, incluso, tercero, por los monárquicos fieles a don Juan, al considerar que traiciona las aspiraciones legítimas del padre y no respeta la línea sucesoria dinástica, elemento esencial de las monarquías. Además, en el plano internacional, está sometido a la mirada, expectante y desconcertada, de los grandes estados occidentales, de la entonces Comunidad Económica Europea y de los organismos internacionales.

Entre el 22 de julio de 1969 hasta la muerte de Franco el 20 de noviembre de 1975, la posición de este Príncipe-sucesor fue muy débil:

se encontraba prisionero de su incómoda situación. Si quería acceder al Trono con posibilidades de continuidad debía actuar con extremada reserva y cautela. Y así lo hizo.

Pero con la muerte de Franco el 20 de noviembre de 1975 se abrió un nuevo horizonte para la política española. Ahora es cuando debían ponerse a prueba la solidez y consistencia de las previsiones sucesorias de las Leyes Fundamentales que pretendían la continuidad del sistema anterior. Un elemento nos interesa especialmente: el Rey Juan Carlos, actuando en el marco de la Ley Orgánica del Estado de 1967 —la séptima Ley Fundamental— no goza de los mismos poderes que Franco, ni los jurídicos e institucionales ni, tampoco, está dotado de la autoridad carismática que sólo el Caudillo poseía. sin duda está mucho más condicionado y sus funciones son de menor entidad. Se encuentra preso del sistema jurídico del que se ha dotado el Régimen para que todo esté «atado y bien atado», según las conocidas palabras de Franco.

Para liberarse de esté corsé que lo inmoviliza necesita el instrumento adecuado. Y lo encuentra en la Ley para la Reforma Política (LRP).

2. El Rey de la Ley para la Reforma Política

La LRP se aprueba como una Ley Fundamental más, la octava, sin derogar expresamente ninguna de las siete anteriores, pero con una letra y, sobre todo, un espíritu y una finalidad, opuesto a todas ellas. Se trata de un texto breve y de excelente factura técnica que, desde la legalidad franquista, permitirá desbloquear todo el sistema institucional abriendo el camino hacia un proceso constituyente. Los aspectos centrales de la LRP son los siguientes:

a) Parte del reconocimiento de tres principios que, en sí mismos, cuestionan todo el sistema político franquista: 1) la supremacía de la ley como expresión de la voluntad general; 2) la inviolabilidad de los derechos fundamentales de la persona —incluida la libertad de asociación, es decir, el pluralismo político— reconocidos en las declaraciones internacionales, que vinculan la actividad de todos los órganos del

Estado; 3) el reconocimiento implícito de la división de poderes. El desarrollo de estos principios en los meses posteriores permitirá llegar a una aceptable situación de libertad política para que las elecciones puedan ser consideradas como democráticamente legítimas.

b) Desde el punto de vista de las instituciones, sustituye las antiguas cámaras orgánicas por un Congreso y un Senado, elegidos por todos los españoles mayores de edad mediante sufragio libre, directo y secreto, con plenas facultades legislativas y la previsión específica de un procedimiento de reforma constitucional.

c) Por último, se otorga al Rey la facultad incondicionada de someter a referéndum cualquier opción política de interés nacional y, obligatoriamente, cualquier cambio constitucional. Esta nueva facultad, de la que no gozaba según las entonces vigentes Leyes Fundamentales, aumenta considerablemente su autoridad y le convierte en árbitro de los posibles grandes cambios que están en perspectiva. Por fin el Rey puede desembarazarse del rígido corsé: mediante la convocatoria de un referéndum puede dirigirse directamente al pueblo para proponer *de forma hipotética*, aquello que crea conveniente, por ejemplo, una nueva Constitución.

De esta manera, el Rey recibe de la LRP aquellos poderes que Franco le negó y eran necesarios para posibilitar la destrucción legal de todo el sistema. No todo estaba atado y bien atado, algún cabo andaba suelto y, mediante la nueva Ley, Don Juan Carlos supo aprovecharlo.

En todo este período de la primera fase de la Transición, aquella que termina con las elecciones del 15 de junio de 1977, las reformas institucionales realizadas al amparo de la LRP se complementan con un sólido acuerdo político de fondo entre los sectores reformistas del franquismo, encabezados por Adolfo Suárez y su primer gobierno, y los sectores de la oposición democrática, tanto los grupos más conservadores —liberales, democristianos o nacionalistas— como los grupos socialista y comunista. Como garantía de este acuerdo de fondo, los proyectos de reformas legislativas son elaboradas y aprobadas por el Ejecutivo de Suárez previa consulta con la oposición democrática.

Este acuerdo implícito entre el sector reformista del franquismo y la oposición democrática, desde los monárquicos liberales hasta los comunistas, desarticula las estrategias previas de reforma y ruptura, consideradas hasta entonces como antagónicas.

La estrategia del sector reformista del franquismo consistía en abrir el sistema sólo a algunos sectores de la oposición —excluyendo, en todo caso, al Partido Comunista— con el fin de hacer evolucionar al régimen hacia un cierto pluralismo con unas libertades limitadas sin salir, por el momento, en esta primera fase, del marco general anterior. La lógica de la oposición democrática —que propugna la denominada estrategia de «ruptura»— era derrocar al franquismo, constituir un gobierno provisional para convocar elecciones y abrir un período constituyente que desemboque, sin condiciones, en un Estado democrático de derecho.

Finalmente, todos aceptan una síntesis de ambas estrategias, la denominada «ruptura pactada», consistente en considerar a la LRP como procedimiento formal que ha de regular el proceso constituyente, admitiendo que, desde el punto de vista de su contenido, no tiene ningún límite material, es decir, que el sistema anterior es revisable en todos los aspectos, posibilitando así el objetivo de la ruptura total. El grado de reforma, por tanto, dependerá de lo que decidan las Cortes constituyentes y su objetivo final se deja al albur de un factor contingente: el resultado electoral. De este resultado, dependerá la composición de las cámaras —Congreso y Senado— que habrán de elaborar la nueva Constitución.

En este contexto, enumeremos algunas consideraciones sobre la decisiva importancia del Rey en este complejo momento histórico de la Transición.

Algunos sectores contrarios o reticentes al cambio —especialmente parte del Ejército y ciertos poderes económicos— imponían como condición para aceptar un sistema democrático la continuidad de la monarquía. Por su parte, don Juan Carlos necesitaba legitimarse personalmente para asegurar el futuro de la institución. La situación política española de aquel momento le ofrecía una vía para lograr esta legitimidad: que se implicara a fondo en las reformas necesarias para conseguir un sistema constitucional democrático. Por el lado de las fuerzas políticas democráticas no hubo una oposición frontal para aceptar una monarquía siempre que, primero, tuviera el carácter de parlamentaria y, segundo, se cumplieran otros dos requisitos: el reconocimiento de un amplio catálogo de derechos que garantizaran la libertad y la igualdad de todos los ciudadanos y una organización territorial que dotara de autonomía a las nacionalidades y regiones que componen España.

En el fondo, lo que se exigía por parte de unos era que el titular de la jefatura del Estado siguiera siendo el rey y, por parte de otros, que el núcleo básico de la Constitución —la forma de Estado y de gobierno, los derechos fundamentales y la organización territorial— fuera «republicano», entendido este término como equivalente a Estado democrático, social y de derecho, tal como se estableció después en el inciso primero del art. 1 CE.

Así, la monarquía parlamentaria permitió satisfacer los deseos de ambas partes, de reformistas y rupturistas, y su inclusión como forma política del Estado fue la moneda de cambio que hizo posible llegar al pacto que tuvo como fruto la Constitución.

3. El Rey de la Constitución: su legitimidad democrática

El modelo de monarquía parlamentaria que la Constitución establece no supone continuidad ninguna con la tradición monárquica española. Sin embargo, adoptar ciertos aspectos tradicionales menores, en concreto los que configuran de hecho el estatuto jurídico de la Corona —la sucesión, regencia y tutela en casos de minoría de edad del rey— facilitaron la adaptación del monarca y de la familia real a su nueva posición constitucional.

Ahora bien, la tradición monárquica ha dejado un rastro evidente en el primer inciso del art. 57.1 de la Constitución (en adelante CE): «La Corona de España es hereditaria en los sucesores de S. M. Don Juan Carlos I de Borbón, legítimo heredero de la dinastía histórica».

La literalidad de este último inciso indica, primero, que D. Juan Carlos de Borbón es el «legítimo heredero de la dinastía histórica», lo cual es evidente, tras la renuncia de Don Juan a sus derechos dinásticos el 14 de mayo de 1977 de acuerdo con las leyes internas de la familia Borbón; y, segundo, se trata de una norma de carácter simplemente declarativo que se atiene a la estricta constatación de un hecho y, por tanto, de ningún modo cabe deducir de tal inciso que la causa para instaurar la monarquía signifique la continuidad de la tradición histórica.

Además, que se proclame a D. Juan Carlos legítimo heredero de la dinastía histórica, descarta otra interpretación errónea: que la monarquía ha sido instaurada por la legalidad franquista, que don Juan Carlos fue proclamado Rey en la Constitución para respetar las Leyes Fundamentales y la voluntad del general Franco. Es cierto que D. Juan Carlos aunaba en el período constituyente (desde el 15 de junio de 1977 hasta el 29 de diciembre de 19789), además de la legitimidad familiar y privada de heredero a la Corona de España, tras la renuncia de D. Juan antes aludida, la condición de Rey de España conforme a las Leyes Fundamentales. En concreto, entonces era Rey por ser, precisamente, el sucesor de Franco en la jefatura del Estado.

Ahora bien, desde el punto de vista jurídico, lo único deducible del art. 57.1 CE es la simple declaración —ya hemos dicho que era una norma declarativa— de que los titulares de la Corona serán D. Juan Carlos y sus sucesores, según el orden de prelación constitucionalmente señalado. Ninguna interpretación razonable —de acuerdo con lo antes dicho— permite deducir que tal régimen sucesorio supone algún tipo de continuidad con la legalidad franquista. En consecuencia, la única legitimidad de don Juan Carlos al iniciar una nueva línea dinástica tiene su origen en el poder constituyente democrático del que emana la Constitución española de 1978.

En definitiva, es el pueblo español, aquel en el cual reside la soberanía nacional según el art. 1.2 CE, quien decide como poder constituyente que el Rey sea Don Juan Carlos de Borbón y sus sucesores sean aquellos que, según reglas muy precisas, establece la Constitución. Nadie más.

4. Conclusiones

En conclusión, en la misma persona de Don Juan Carlos confluyen en estas sucesivas etapas un Príncipe y tres Reyes.

1.º Un Príncipe de España en vida de Franco sometido a las Leyes Fundamentales (22 de julio de 1969 - 21 de noviembre de 1975).

2.º Un Rey de España, según las previsiones sucesorias, sometido a las Leyes Fundamentales (22 de noviembre de 1975 - 4 de enero de 1977).

3.º Un Rey de España sometido a la Ley para la Reforma Política y a las demás Leyes Fundamentales (4 de enero de 1977 - 29 de diciembre de 1978).

4.ºUn Rey de España en virtud de la Constitución de 1978 hasta su abdicación y proclamación como nuevo Rey de su hijo y heredero Felipe VI (29 de diciembre de 1978 - 19 de junio de 2014).

Ponencia. Real Academia de Legislación y Jurisprudencia

Madrid, 13 de junio de 2024

Segunda mesa redonda.

La institución monárquica: legitimación por ejercicio

Ignacio Astarloa Huarte-Mendicoa
Académico de Número de la Real Academia de Jurisprudencia y Legislación de España

Junto a la legitimidad constitucional y la legitimidad dinástica, la legitimidad de ejercicio resulta indispensable para la institución de la Corona en las monarquías parlamentarias contemporáneas como la nuestra. Entendiendo por tal la creencia generalizada de que la Corona cumple correcta y útilmente los poderes que la Constitución le ha confiado de carácter simbólico, moderador y de representación, desde una obligada neutralidad política y una completa entrega al servicio exclusivo de los intereses generales.

En las monarquías europeas modernas, incluida obviamente la española, la legitimidad está relacionada con el buen ejercicio de potestades tasadas. No hablamos ya de monarquías limitadas en las que los reyes, aunque sometidos a la Constitución, conservaban poderes importantes como la facultad de nombrar primeros ministros y gobiernos o la de vetar las leyes. Menos aún de monarquías absolutas, que en nuestro continente están ya en el archivo del pasado.

En estos días, al calificar la Constitución más fructífera de nuestra historia la monarquía como «parlamentaria» —fórmula novedosa introducida entre nosotros en 1978— se ha dado un paso decisivo en el proceso histórico de racionalización de la institución monárquica, con el que el monarca, que ya no es soberano, ni legisla, ni gobierna, dispone de *auctoritas*, pero no de poderes efectivos: el famoso «aconsejar, impulsar y advertir» de Bagehot. Es en esos términos que ha de ejercer como árbitro que «modera el funcionamiento regular de las instituciones»; como símbolo y garantía, no solo de la unidad e integración de la nación, sino también de la permanencia de una identidad colectiva que viene de una historia común de siglos; y como representante del Estado hacia dentro e internacionalmente. Sin poder político, y desempeñando una serie de funciones constitucionales debidas y no de libre ejercicio, con las que el monarca pone el sello que simboliza la unidad del Estado a los actos decididos por los distintos poderes.

Ganarse la legitimidad de ejercicio en ese marco tan delimitado por la Constitución no es precisamente sencillo. Exige ejercer las facultades propias de forma sutilmente equilibrada y contenida para hacer evidente y creíble su independencia y neutralidad en el ejercicio de las funciones de un Jefe del Estado que debe serlo de todos frente a los intereses de facción. Pero también sin esquivar el tener que desempeñar el oficio, de manera muy comprometida, en momentos de convulsión, crisis e incertidumbre (piénsese en las facultades del monarca para la investidura de un presidente de gobierno en estos últimos años, en los que las investiduras han resultado particularmente conflictivas) o el tener que arbitrar entre los protagonistas políticos en tiempos de desencuentros radicales que requieren a la vez determinación, prudencia, ecuanimidad y, por supuesto, mucha pericia. Por no hablar de las actuaciones decisivas de la Corona para el sostenimiento de los principios y valores constitucionales en dos momentos históricamente tan graves como han sido el 23 de febrero de 1981 (Juan Carlos I) y 3 de octubre de 2017 (Felipe VI).

Han pasado muchas cosas ciertamente comprometidas durante esta década de reinado del Rey Felipe VI y, como ha puesto de relieve la Jornada sobre la Corona celebrada en la Real Academia de Jurisprudencia y Legislación de España, de la que esta publicación es fiel relejo, hay un acuerdo extraordinariamente general en que, en medio de tantas dificultades, la legitimidad de ejercicio no ha hecho otra cosa que aumentar, a partir del cumplimiento escrupuloso por el rey de los límites en sus funciones y de su compromiso sin reservas con los valores constitucionales. Como ha explicado el ex Presidente socialista del Senado Juan José Laborda, la Corona ha actuado *despartificada*. También de manera serena, sensata y con ejemplaridad. Con conciencia plena de las exigencias tan severas que plantean a toda institución y muy especialmente a un rey moderno, las opiniones públicas y publicadas actuales. Y teniendo siempre como guía la Constitución.

Si no es casualidad que las monarquías europeas, sin excepción, formen parte del grupo de las democracias más avanzadas del mundo, tampoco lo es que esta monarquía parlamentaria esté proporcionando a la España constitucional de hoy una indispensable estabilidad democrática.

Basta por mi parte con decir esto y felicitar y dar las gracias en este aniversario al actual titular de la Corona, don Felipe de Borbón, por su ejemplaridad y su compromiso con la Constitución.

Añado tan solo dos comentarios más, referidos a asuntos algo más concretos.

Lleva tiempo debatiéndose la posibilidad de desarrollar legislativamente el Título segundo de la Constitución. Aportaciones bien interesantes sobre este asunto hay en este volumen y no entraré en ello. Pero sí quiero recordar que existe en la Constitución la previsión de un Reglamento de las Cortes Generales que ha de aprobarse por mayoría absoluta tanto del Congreso como del Senado, para regular las sesiones conjuntas Congreso-Senado. Y que la mayoría de esas sesiones son las previstas por nuestra Norma Fundamental relativas a las relaciones de las Cortes con la Corona (v.gr. proclamación del rey, juramento de la heredera, inhabilitación del rey, etc.). Ese Reglamento nunca se ha dictado, a pesar de los numerosos borradores que se han ido redactado desde hace cuarenta años, de forma que las sesiones conjuntas que hasta hoy se han celebrado (la última, bien reciente, la del juramento de la Princesa de Asturias) se han desarrollado con normas internas *ad hoc*, adoptadas para cada caso.

Y en cuanto a los ataques de «monarquismos» mal entendidos —o, por mejor decir, de los (anti)monarquismos insinceros que tienen realmente como propósito acopiar voto a costa de devastar las instituciones—, con discursos que reprochan que el monarca no ejerza poderes que constitucionalmente no tiene, esas andanadas no se producen por ser antimonárquicas, se producen porque no se cree en la democracia y en la obligación inexcusable del rey y de todos de cumplir la Constitución.

Como ha escrito Varela Ortega, con su ataque a la monarquía parlamentaria de populistas de variado signo, no han hecho otra cosa que convertir al monarca, todavía más, si cabe, en el principal garante de la democracia constitucional y pluralista.

Rey constitucional/Rey constituyente.

Más allá del deber

EMILIO LAMO DE ESPINOSA CHAMPOURCIN
Académico de Número de la Real Academia de Ciencias Morales y Políticas

La mañana del día 18 de junio del 2014 estaba convocada la reunión ordinaria del patronato del Instituto Elcano, que presidía el entonces Príncipe Felipe. Pocos días antes, el presidente Rajoy comunicaba a la nación la voluntad del Rey Juan Carlos de abrir el proceso sucesorio, e inmediatamente pensé que se cancelaria la reunión del patronato. Era lo lógico, a menos de 24 horas de la proclamación.

Pero no fue así. Felipe de Borbón acudió y, como siempre, participó y charló con nosotros durante un largo rato. Recuerdo nuestra sorpresa ante su temple; nada hacía sospechar que, al día siguiente, entraba en la historia de España asumiendo la más alta responsabilidad que se le puede otorgar a ningún ciudadano, y lo hacía con sorprendente naturalidad.

Más tarde he meditado sobre ese temple para llegar a la conclusión de que era, no sólo lo propio de un soldado (que lo es, por formación) sino, sobre todo, el resultado de una preparación vital, literalmente centenaria. El oficio de rey se adquiere desde la cuna misma y se prepara toda una vida que, a su vez, condensa la experiencia y cultura familiar de una dinastía. Sabemos que las familias, junto con la herencia genética, transmiten valores y preferencias, culturales familiares, que son el decantado de un historial de experiencias. Positivas algunas, negativas otras. Lo que iba a ocurrir al día siguiente de aquel patronato del 18 de junio del 2004, Felipe de Borbón y Grecia llevaba preparándolo emocionalmente toda su vida.

Pocas horas después el ya Rey asumía la corona ante la soberanía nacional y lo hacía de un modo singular, claramente marcado por esa historia familiar. Y así, comenzaba destacando que, por vez primera, se accedía a la principal magistratura del Estado *de acuerdo con una Constitución que fue refrendada por los españoles*. Para resaltar después su permanente *fidelidad a la Constitución* y su *compromiso irrenunciable con los valores en los que descansa nuestra convivencia democrática.*

El nuevo Rey se presentaba así ante el país como la encarnación misma de la Constitución.

****

Efectivamente, Juan Carlos I fue Rey antes de la Constitución, en noviembre de 1975, a la muerte del general Franco. Certificando así, una vez más, lo acertado del comentario del gran historiador Santos Julia: si *(los españoles) somos los que más tronos hemos derrocado, somos también los que más tronos hemos restaurado*. Afortunadamente, añadiría yo, y basta comparar las dos restauraciones con las dos repúblicas.

Mas tarde Juan Carlos I renunciaría a la totalidad de los poderes heredados del dictador para dar paso a la democracia, caso único en la historia en la que un dictador *de lege* —pues no ejerció de tal—, se transforma, por voluntad propia, en monarca constitucional. Por ello se puede decir que Juan Carlos I, más que rey constitucional, fue rey constituyente, al menos con tanto mérito (sin duda más) que los diputados o padres de la constitución. Un calificativo que iba a remachar la noche del 23 de febrero de 1981 cuando salvó la democracia española por segunda vez, constituyéndola ahora *de facto,* cuando antes lo había hecho *de iure*.

Pero no era ya el caso de Felipe VI. La legitimidad de su reinado descansa totalmente en una Constitución aprobada por la inmensa mayoría de los españoles, la misma legitimidad que sustenta al estado de las autonomías, la separación de poderes, la independencia de la justicia y, por supuesto, las libertades de los españoles, o el concierto vasco y navarro. Y quien quiera discutir una de esas piezas debe saber que abre la puerta a la discusión de todas ellas. Esa diferencia quiso el nuevo rey destacarla en su primera proclamación: la diferencia entre un rey constituyente, como había sido su padre, y un rey ya plenamente constitucional.

Pues si algo ha caracterizado esta *monarquía renovada para un tiempo nuevo* —que entonces anunciaba Felipe VI— es, no ya el escrupuloso respeto al marco Constitucional, sino el compromiso y la entrega total a su defensa.

Como se comprobó con ocasión del *procés* catalán del año 2017 cuando Felipe VI pronunció el quinto mensaje institucional extraordinario de un monarca español dirigido a la nación (recordermos:1981, con motivo del golpe de Estado; 2004, tras los atentados de Atocha; marzo de aquel mismo año, por el fallecimiento del expresidente Suarez; y, finalmente, el del Rey Juan Carlos con motivo de su abdicación). Pues aquel discurso del 3 de octubre de 2017, en el que dio cumplimiento al juramento solemne, no solo de *guardar,* sino de *hacer guardar la Constitución y las leyes* (art. 61.1), marcará su reinado, sin duda alguna.

Me consta que en la Zarzuela se pensó mucho si el Rey debía o no intervenir. Y tampoco tengo dudas de que la intervención debió hacerla el presidente Rajoy, no el Rey. Era su deber, mientras que la de Felipe VI estaba más allá del deber. Ignoro qué se debatió en la Zarzuela para que, al final, fuera S.M. quien asumiera esa responsabilidad.

En un discurso breve (solo seis minutos), a la hora de máxima audiencia (las 21:00), en unos momentos de enorme preocupación y desasosiego en toda la ciudadanía por lo que alcanzó una audiencia récord (casi del 77%). Pronunciado con austeridad expresiva y términos contundentes y rotundos, marcando silencios, palabras duras, rara vez pronunciadas:

Desde hace ya tiempo, determinadas autoridades de Cataluña, de una manera reiterada, consciente y deliberada, han venido incumpliendo la

> *Constitución y su Estatuto de Autonomía... han vulnerado de manera*
> *sistemática las normas aprobadas legal y legítimamente, demostrando*
> *una deslealtad inadmisible hacia los poderes del Estado. Un Estado al*
> *que, precisamente, esas autoridades representan en Cataluña.*

Descarnada descripción que precedía la inevitable exigencia de restablecimiento del orden jurídico y social:

> *...es responsabilidad de los legítimos poderes del Estado asegurar el orden*
> *constitucional y el normal funcionamiento de las instituciones, la vigencia*
> *del Estado de Derecho y el autogobierno de Cataluña...*

De no haber sido por ese valiente mensaje no es probable que el presidente Rajoy se hubiera mostrado dispuesto a parar el golpe de Estado con la aplicación de la medida excepcional que supuso el art. 155.

Y así, si Juan Carlos I paró un golpe de Estado militar, clásico y decimonónico, gestado y ejecutado desde fuera de las instituciones y contra ellas, su hijo paró un golpe posmoderno, realizado desde dentro del Estado, gestado y ejecutado en las mismas instituciones cuyos ocupantes habían jurado defender la Constitución que ahora pisoteaban.

Por tercera vez —y repito, por tercera vez— el Rey defendiendo la democracia.

****

Se dice con frecuencia que monarquía y democracia son incompatibles, *u*na estupidez que es aún defendida incluso por profesores de ciencia política, y que no resiste el más mínimo contraste con la realidad. Lo repetiremos una y otra vez: las mejores democracias del mundo son las monarquías parlamentarias, como lo acreditan, año a año, las más reputadas instituciones que monitorean la calidad de las democracias del mundo.

****

Plegarse estrictamente a su rol constitucional ha sido la primera de las medidas que el nuevo Rey adoptó tras el duro aprendizaje que supuso el ejemplo de su padre. Pero debemos mencionar al menos otras dos. Pues si prometió *honestidad, integridad y transparencia,* es lo que ha practicado.

En primer lugar, generando una suerte de muralla china con ese pasado tóxico reduciendo de 16 a 6 los miembros de la casa real, de los que solo 3 cobran con cargo a los presupuestos, lo que implicó excluir a sus dos hermanas y a su propio padre. Cancelando el título de Duquesa de Palma a su hermana. Renunciando a su herencia personal. Incluso forzando la expatriación de su propio padre, para que no dañase más a la Corona. Una familia real es, como todas, una familia, y eso debió suponer un gran dolor personal.

Pero hay más, pues inmediatamente tomo medidas paras evitar que esos comportamientos inapropiados volvieran a producirse. Estableciendo una auditoria de las cuentas de la Casa Real en el Tribunal de Cuentas. Imponiendo una estricta incompatibilidad entre la pertenencia a la casa real y cualquier retribución privada. Dando publicidad a las retribuciones de todos los miembros y funcionarios de la casa, de la totalidad de los regalos percibidos y de las contrataciones realizadas o previstas, todo ello, además, explicito en la página web de la Zarzuela. Un modelo de transparencia que ojalá siguieran otras altas instituciones del Estado. Y finalmente, dando estabilidad y proyección de futuro a la institución con el lanzamiento de la Princesa Leonor, muy bien recibido por la opinión pública.

Y esa es la razón —y con esto termino— de que de entre los muchos problemas que tiene España, la monarquía no es, en absoluto uno de ellos. Se afirma que el CIS hace años que no pregunta por la monarquía. No es cierto; no lo hace directamente, pero en todos sus barómetros pregunta por los principales problemas de España. Y en todos ellos sale mencionada la monarquía, pero por menos del 0,5% de los entrevistados y en posiciones del cuarto o quinto decil ¿Qué sentido tendría preguntar por un no-problema? ¿Quizás para generarlo donde no lo hay? Sin embargo, basta acercarse al último barómetro para ver cuáles son las verdaderas preocupaciones de la ciudadanía hoy: la primera —incluso por encima del paro— es *el gobierno y partidos políticos* concretos, mencionado por el 11% de los entrevistados; la segunda es el paro pero la tercera vuelve a ser *el mal comportamiento de los polí-*

ticos, mencionado por el 10,4%; la quinta vuelve a ser *lo que hacen los partidos políticos* (6,4%). Y podría seguir pues, de los diez primeros problemas, al menos cinco afectan a los políticos (y digo «al menos» porque un sexto, la corrupción, apunta en la misma dirección).

Y así la monarquía, no sólo no es problema, es que es solución. Pues frente a la polarización y los muros y cordones sanitarios, la corona —tanto el rey como la reina y la princesa— muestran concordia, estabilidad, serenidad, empatía. Y así, a medida que la legitimidad de la política se hunde, la de las instituciones no políticas crece: la policía, la guardia civil, el ejército, la ciencia y la medicina...y la corona.

Con posterioridad a aquel discurso memorable del 2017 ese compromiso constitucional, más allá del deber, lo ha reiterado en numerosas ocasiones, la más reciente en el discurso de Navidad del 2023. Y término citándolo: Pues *fuera del respeto a la Constitución* —afirmaba SM— *no hay democracia ni convivencia posibles; no hay libertades sino imposición; no hay ley, sino arbitrariedad.*

Muchas gracias.

Un reinado tan difícil como ejemplar

PEDRO GONZÁLEZ-TREVIJANO
Académico de Número de la Real Academia de Jurisprudencia y Legislación de España

Nada ni nadie podía presagiarlo. Asentada la Monarquía tras una larga y feliz singladura por y en la persona de Don Juan Carlos —*Ley de Sucesión a la Jefatura del Estado* de 1947—, *Ley Orgánica del Estado* de 1967, *Decreto de Honores* de 1968, Sucesor a la Jefatura del Estado a título de Rey en 1969, Acceso al Trono en 1975, *Ley para La Reforma Política* y Renuncia por Don Juan de Borbón a sus derechos dinásticos en 1977 y, singularmente, tras la aprobación en referéndum de la Constitución de 1978 todo hacía pensar que la sucesión se produciría en su momento de forma natural y sin sobresaltos. Fallecido Don Juan Carlos —inequívoco impulsor de la *Transición Política* y garante de nuestro régimen constitucional ante el golpe de Estado del 23 de febrero de 1981— se satisfaría el mandato del artículo 57. 1 de la Constitución: «La Corona de España es hereditaria en los sucesores de S. M. Don Juan Carlos I de Borbón, legítimo heredero de la dinastía histórica». En ese momento, y *reinstaurada* la Monarquía— que no *instaurada*, ni *restaurada*— la Corona pasaría al Príncipe de Asturias (artículo 57. 2). A tal sentido responden las expresiones «*El Rey ha muerto. Viva el Rey»* o «*El Rey no puede morir»*. Pero los hechos no discurrieron así. Don Juan Carlos abdicaba en junio de 2014. Las abdicaciones, al margen de sus concretas motivaciones, no son hoy tan excepcionales dada la longevidad de los monarcas reinantes: Holanda, Bélgica (2013) y Dinamarca (2014).

Se abría, de esta suerte, un reinado nada fácil por razones de diferente índole.

En primer lugar, de carácter personal, vinculado al hilo de sobrevenidos y desafortunados acontecimientos acaecidos en el seno de la Familia Real: imputación y perdida del Ducado de Palma de la Infanta D.ª Cristina; y regularización fiscal, supresión de su asignación económica y residencia *de facto* fuera de España de Don Juan Carlos. Don Felipe renunciaba además a la herencia de su padre.

En segundo término, de naturaleza política. Me refiero a la irrupción de nuevos partidos, de la «nueva política», que han alterado profundamente el mapa electoral. Y, finalmente, su discurso de 3 de octubre de 2017 —hay que entender que con el prescriptivo refrendo presunto del Gobierno— con ocasión de la Declaración de independencia de Cataluña. Ante la gravísima deriva, Don Felipe VI, dentro de sus potestades constitucionales, fue bien explícito: «Se han vulnerado de manera sistemática las normas aprobadas legal y legítimamente, demostrando una deslealtad inadmisible hacia los poderes del Estado».

En un panorama tan sobresaltado, el hacer de Don Felipe ha de calificarse, sin duda, de continuadamente ejemplar a lo largo de estos años.

En una Monarquía parlamentaria —«La forma política del Estado español es la Monarquía parlamentaria» (artículo 1. 3 CE)— el Rey carece de poderes políticos propios. Las Cortes Generales tiene atribuida la potestad legislativa (artículo 66. 2 CE), el Gobierno dirige la política interior y exterior (artículo 97 CE) y los Jueces y Magistrados desempeñan la función jurisdiccional (artículo 117. 3 CE). Una institución que redefine algunas características de lo que Benjamin Constant (*Principios de Política*) denominó *«pouvoir neutre»*; y también cercana a las facultades desgranadas por Walter Bagehot (*La Constitución inglesa*), de «ser consultada, estimular y advertir». De ahí la afirmación de que «*El Rey reina, pero no gobierna*»; o que dispone de «*auctoritas, pero no de potestas*».

De forma paralela, la persona del Monarca es inviolable y no está sujeta a responsabilidad (artículos 56. 3 y 64 CE), ya que los actos en que interviene no son de autoría material propia, pero sí preceptiva-mente debidos. No reclamemos, por tanto, si queremos preservarla, de imposibles intromisiones (injustificadas admoniciones, espurias acciones directas o extrañas negativas a sancionar —como en su momento la Ley del Aborto o la actual Ley Amnistía— ciertas leyes).

Siendo esta su caracterización «El Rey es el Jefe del Estado, sím-bolo de su unidad y permanencia, arbitra y modera el funcionamiento regular de las instituciones...» (artículo 56. 1 CE), su legitimidad se fundamenta en la intangible ejemplaridad y en su correlativa utilidad. A diferencia de las Cortes Generales, cuyo proceder es verificado periódicamente tras la celebración de las elecciones (artículos 66. 1, 68 y 69) o del Gobierno, que requiere de la *fiducia* del Congreso de los Diputados (artículo 108 CE), el papel del Monarca, situado «*au-dessus de la mêlée*», esto es, fuera de la refriega política, se satisface, parafra-seando a Max Weber (*Economía y Sociedad*), con una escrupulosa y aleccionadora legitimidad de ejercicio.

Está idea estaba presente en la Roma del siglo I a. C. Horacio esgrimía (*Epístolas)* «*Rex eris, si recte facies*»; esto es, «Rey eres, si obras rectamente». Y San Isidoro de Sevilla fue (*Etimologías*), durante la Monarquía visigoda, más allá: «*Si non facies, non eris*»; es decir, «No eres (Rey), sino actúas como tal». Y así lo testimoniaba también el personaje del jardinero en la obra de *Ricardo II* de Shakespeare: «¡Ah, qué pena que no haya cuidado y cultivado el reino cual nosotros el jardín! Si él lo hubiera hecho con los que le encumbran, ellos le habrían dado frutos de lealtad y él los habría saboreado... Si lo hubiera hecho, tendría la Corona, que ha perdido disipando tantas horas» En esta línea Ernst Kantorowicz (*Los dos cuerpos del rey*) distinguió en el siglo XX entre el «cuerpo físico» del Rey, sometido a las debilidades y pasiones humanas, y el superior «cuerpo político», que guiaba al pueblo. De modo próximo, Manuel García Pelayo (*Idea de la Política y otros escri-tos*) diferenció entre una «*auctoritas* institucional» y una «*auctoritas* individual». Y, más recientemente, el escritor Robert Green ha acu-ñado (*Las 48 leyes del poder*) una máxima semejante: «Actúa como tal para ser tratado como un Rey».

Pues bien, Don Felipe ha obrado, en todo momento, como tal. Lo que ha valido el restablecimiento de la confianza ciudadana en la

Monarquía, que había caído a una aceptación del 3, 72% de los encuestados por el *Centro de Investigaciones Sociológicas (CIS)* en junio de 2014. En una consulta, aunque indirecta, celebrada en agosto de 2020, obtenía el refrendo del 80% de la población. Y no ha sido, desde luego, una tarea sencilla. De ahí la certeza del título del libro de José Antonio Zarzalejos *Un Rey en la adversidad*.

De entrada, por las severas medidas adoptadas en el seno de la Familia Real, extraordinariamente duras y difíciles para cualquiera. Como recordaba el ex Presidente del Senado, Juan José Laborda, «su condición de hijo y hermano quedó sometido al imperativo de la ejemplaridad». Un compromiso ya referenciado en su Discurso de Proclamación de 19 de junio de 2014: «Una Monarquía renovada para un tiempo nuevo».

En segundo lugar, cumpliendo con la letra y el espíritu de nuestra *Carta Magna*. En sus propias palabras, «cuando tengo una duda, me agarro a la Constitución y no la suelto». Incluso en contextos políticos tan difíciles, pero fuera de todo activismo político, como los vividos en los varios procesos de designación de candidato a la Presidencia del Gobierno (artículo 99 CE).

Don Felipe ha satisfecho sus competencias con prudencia y huyendo del conflicto ante un Gobierno no siempre respetuoso con sus funciones (artículos 56. 1 y 63 CE); especialmente, en el ámbito internacional, postergando, cuando no vaciando, su presencia institucional. Sirva de ejemplo la ausencia en sus viajes del acompañamiento del Ministro de Asuntos Exteriores o de un Ministro de Jornada con la paralela quiebra de toda una serie de convenciones y costumbres constitucionales. Suplidos, en el mejor de los casos, por la insuficiente presencia de un Secretario de Estado, violentando la recta comprensión del refrendo tácito de sus actos (artículo 64 CE y SSTC 5 y 8/87).

En tercer término, su compromiso con la transparencia de la Casa del Rey con una creciente fiscalización de sus cuentas públicas. Primero, con la adopción de disposiciones de carácter interno; y más tarde tras la aprobación, de acuerdo con el Gobierno, de los Reales Decretos 772/2015, de 28 de agosto y 297/2022, de 26 de abril, de *Reestructuración de la Casa de su Majestad El Rey*.

Y, por último, al hilo de su mensaje, el 3 de octubre de 2017, ante el desafío secesionista catalán. Les traigo a colación lo que expresa nuestra *Magna Carta*: «El Rey, al ser proclamado ante las Cortes Generales... prestará juramento... de guardar y hacer guardar la Constitución...» (artículo 61. 1 CE). La Corona es una pieza esencial, que no accesoria ni convidada de piedra, de nuestro sistema político, pues, además de ser un importante símbolo, lo dota de estabilidad, permanencia, normalidad e integración. Por cierto, y antes algunas falsarias afirmaciones de parte, a su actuación se unió —quizás debiera haberse instrumentado antes— la decisión del Gobierno, respaldada íntegramente por la Oposición, de aplicar el mecanismo del artículo 155, aprobado mayoritariamente por el Senado y avalado después por el Tribunal Constitucional, así como las posteriores penas impuestas a sus autores por la Sala Segunda del Tribunal Supremo.

Tales razones justificaban las presentes Jornadas. No en vano la Constitución encomienda expresamente al Rey «el Alto Patronazgo de las Reales Academias» (artículo 62. j). En esta misma línea deseo reseñar las últimas palabras del *Manifiesto* elaborado por la *Cátedra de la Monarquía* —creada en la *Universidad Rey Juan Carlos* y hoy en la *Universidad de Burgos*— con la denominación *Una década de éxito para una Monarquía renovada, que* dicen lo siguiente: «Tenemos un Rey que es un apasionado defensor de la democracia constitucional y de la monarquía parlamentaria».

Una década de reinado de Felipe VI: nuevos enfoques de la monarquía en democracia

Yolanda Gómez Sánchez
Catedrática de Derecho Constitucional

1. Introducción

«He decidido poner fin a mi reinado y abdicar la Corona de España». Estas palabras destacan[1], sin duda, del mensaje con el que el rey Juan Carlos I anunciaba, el 2 de junio de 2014[2], su decisión de abdicar la Corona, que se materializó en la aprobación, sanción y promulgación de la Ley Orgánica 3/2014, de 18 de junio, por la que se hace efectiva la abdicación de Su Majestad el Rey Don Juan Carlos I de Borbón y en el acto de esa misma fecha celebrado en el Palacio Real[3]. El día siguiente, 19 de junio de 2014, se produjo la proclamación y jura como rey de Felipe VI en el Congreso de los Diputados, en sesión conjunta de ambas Cámaras en cumplimiento de los artículos 61.1 y 74.1 de la Constitución. Se iniciaba así el segundo reinado bajo la Constitución de 1978, el reinado de Felipe VI del que ahora se cumple una década.

---

1. Este texto recoge mi intervención en la Jornada «Felipe VI: una década de reinado», que, organizada por la Real Academia de Jurisprudencia y Legislación de España y por la Fundación Pro Real Academia de Jurisprudencia y Legislación de España, se celebró el 13 de junio de 2024.

2. Previamente a esta intervención del rey Juan Carlos I, el presidente del Gobierno, Mariano Rajoy, había hecho una declaración institucional desde el Palacio de la Moncloa a las 10.32 de ese mismo día 2 de junio de 2014.

3. Gómez Sánchez, Yolanda. «La abdicación del Rey Juan Carlos I: la visión responsable de un Jefe de Estado», en *Diario La Ley*, N.º 8345, 2014.

2. La legitimidad de ejercicio como elemento sustancial de la monarquía en democracia

La diferencia entre legitimidad de origen y legitimidad de ejercicio ha sido ampliamente estudiada por la doctrina[4], lo que escusa una mayor profundización en esta sede. Sí debo afirmar que me adhiero sin reservas a la tesis que defiende que dicha legitimidad de origen deriva directa y plenamente de la Constitución española de 1978. Así, pues, la legitimidad de origen está directamente basada en los preceptos constitucionales que se refieren a la Corona y a su titular (principal pero no únicamente recogidos en el Título II), pero también al resto de los preceptos constitucionales, singularmente, valores, principios y derechos, recogidos en la Constitución. El artículo 9.1 CE establece categóricamente que los poderes públicos están sometidos a la Constitución y al resto del ordenamiento jurídico, obligación que incumbe a todos ellos, incluida la Corona.

Se ha querido ver en la mención que a la *dinastía histórica* se hace en el artículo 57.1 CE la legitimación de una tesis, sino alternativa si parcialmente complementaria, de la anterior. Discrepo de esta posición. La mención a la dinastía histórica en la Constitución sirve como nexo entre el que fue el primer rey bajo la Constitución de 1978, Juan Carlos I, y la dinastía a la que pertenece, la dinastía Borbón. Como es conocido, la designación de Juan Carlos I como sucesor de Franco, a título de rey, el 22 de julio de 1969, obvió los derechos dinásticos de su padre, don Juan de Borbón, conde de Barcelona. Así, pues, fue posi-

---

4. Pueden consultarse, de una amplísima bibliografía, los siguientes: Aragón Reyes; Manuel. «La Corona», en *Instituciones del Estado democrático de Derecho, conversaciones: contribución a la cultura cívica de la institucionalidad democrática,* coord. por Andrés Betancor Rodríguez, 2024, pp. 63-70; «La conservación esencial de la monarquía parlamentaria como elemento insustituible de nuestra constitución», en *Teoría y derecho: revista de pensamiento jurídico,* N.º 35, 2023, pp. 14-27; «Constitución y Corona», en *España: una democracia parlamentaria: libro homenaje al profesor Ignacio Astarloa Huarte-Mendicoa,* coord. por María Isabel Álvarez Vélez, Federico de Montalvo Jääskeläinen, 2022, pp. 135-154; Torres del Moral, Antonio. «De la monarquía vigilada a la monarquía parlamentaria», en *Teoría y derecho: revista de pensamiento jurídico,* N.º 35, 2023, pp. 210-232; «Constitución, monarquía y democracia». En *Boletín de la Real Academia de Córdoba de Ciencias, Bellas Letras y Nobles Artes,* Vol. 99, N.º 169, 2020, pp. 251-266.

ble incluir la frase «... Juan Carlos I de Borbón, legítimo heredero de la dinastía histórica» en el mencionado artículo 57.1CE debido a que don Juan, como se requería en aquel momento, renunció a sus derechos dinásticos, el 14 de mayo de 1977, en un acto de especial significación, con la presencia del entonces notario mayor del Reino, Landelino Lavilla. Bajo un punto de vista constitucional, la redacción del artículo 57.1 CE, en el que se establece que «La Corona de España es hereditaria en los sucesores de S.M. Don Juan Carlos I de Borbón» plasmaba claramente la designación y el orden sucesorio, no siendo imprescindible ninguna otra alusión a la dinastía histórica. Sin perjuicio de ello, el acto de renuncia de don Juan permitió cerrar cualquier duda dinástica, evitando aspectos que pudiera haber sido controvertidos, más social que jurídicamente.

Con esta legitimidad de origen constitucional indiscutible, la monarquía de 1978 debía también conseguir una legitimidad de ejercicio; legitimidad de ejercicio que, en democracia, debe estar ineludiblemente vinculada —como la propia legitimidad de origen— al ejercicio de las funciones constitucionales, pero que también encierra algo más que el estricto cumplimiento de las funciones tasadas constitucionalmente. Así, de entre las funciones del rey expresamente citadas en la Constitución (arts. 56, 57.4, 61.1, 62, 63, 65, 91, 92, 99, 100, 102.3, 114, 115, 117.1, 122.3, 123, 124.4, 151.4, 152,1, 159.1, 160 CE...), las previstas en el artículo 56.1, de carácter abierto (representación y símbolo del Estado, principalmente), habilitan a un desenvolvimiento funcional y a un desempeño no estrictamente reglado, sin perjuicio de que en todo caso los actos del rey deban poder ser reconducidos a las funciones abiertas del mencionado artículo 56.1 CE.

Algún pasaje, como el siguiente, del discurso de proclamación del rey Felipe VI, ante las Cortes el 19 de junio de 2014, parecía aludir a estas funciones que pueden definirse como *abiertas*:

> «La independencia de la Corona, su neutralidad política y su vocación integradora ante las diferentes opciones ideológicas, le permiten contribuir a la estabilidad de nuestro sistema político, facilitar el equilibrio con los demás órganos constitucionales y territoriales, favorecer el ordenado funcionamiento del Estado y ser cauce para la cohesión entre los españoles».

Con todo, la búsqueda de la legitimidad de ejercicio no habilita a definir un ámbito de discrecionalidad metaconstitucional del rey, sino que ciertos actos del monarca formarían parte del contenido de alguna de las *funciones abiertas* del artículo 56.1 CE citado. Esta tesis, además, resulta plenamente compatible con el inciso final del reiterado artículo 56.1 CE cuando afirma que el rey «...ejerce las funciones que le atribuyen expresamente la Constitución y las leyes», porque las funciones abiertas, principalmente, las funciones de representación y símbolo dan cobertura a actos menos reglados del rey, pero reconducibles plenamente al marco constitucional.

3. ¿Cómo y en qué ámbitos se materializa «también» la legitimidad de ejercicio?

Partiendo de la tesis de que, tanto la legitimidad de origen como la de ejercicio, discurren en el estricto ámbito de las funciones constitucionales, pero aceptando también que algunas funciones (representación y símbolo, art. 56.1 CE) y las obligaciones derivadas del juramento del rey al ser proclamado ante las Cortes Generales (art. 61.1 CE) dan cobertura a actos del rey no definidos totalmente en la Constitución, podemos detenernos en algunos aspectos que presentan notas novedosas en la primera década de reinado de Felipe VI. Se trata de ámbitos de actuación del monarca que están, si acaso, sometido a normas que podríamos denominar de *soft law* o a convenciones, usos y costumbres (aspectos estos últimos que deben ser tratados con el debido cuidado) reconducibles, como ya se ha indicado, a las funciones de representación y símbolo del Estado, como las que a continuación se analizan.

3.1. Comunicación con la ciudadanía

Una de las características de la monarquía en democracia de este siglo XXI es la necesidad de que el titular de la Corona mantenga una comunicación fluida con la ciudadanía y así viene haciéndolo el rey Felipe VI[5] y así lo hacen también otros reyes y reina europeos[6]. Resulta innecesario insistir en las profundas transformaciones en el campo de la información y de la comunicación de una sociedad global cada vez, e inexorablemente, más digital. Resulta, pues, evidente la

---

5. En estas páginas nos centramos en las funciones y actividades el rey Felipe VI, pero, sin duda, la necesidad de comunicación con la ciudadanía también involucra

necesidad de la Corona de articular una comunicación permanente y fluida con la ciudadanía que debe cumplir, al menos, tres objetivos: dar a conocer la Corona y las funciones constitucionales del rey; contribuir, en el marco de esas misma s funciones y en contacto con el Gobierno al cumplimiento de la Constitución y del resto del ordenamiento jurídico y apoyar acciones e iniciativas incardinadas en los valores democráticos igualmente incluidos en la Constitución.

Mientras que cabe deducir de la propia Constitución cómo debe discurrir la comunicación del rey con otros órganos constitucionales (presidir las sesiones del Consejo de ministros para ser informado de los asuntos de Estado, puede ser uno de los ejemplos válidos), no encontramos previsiones en la Constitución respecto a la comunicación del rey con la ciudadanía, a cómo se debe producir, en su caso, esta comunicación, con qué periodicidad o intensidad y sobre qué asuntos. Por su parte, el Real Decreto 434/1988, de 6 de mayo, sobre reestructuración de la Casa de S. M. el Rey tan solo menciona que «Comunicación» será una de las unidades que integran la Secretaria General de la Casa de S.M. el Rey (art. 4.3). Como llevar a cabo esta comunicación debe ser decidido por el rey en el marco de las funciones de la Casa que será finalmente quien organice los diferentes canales para hacer posible dicha comunicación, en permanente contacto con el Gobierno que, conforme al artículo 97 CE, dirige la política interior y exterior.

Que esta comunicación sea unidireccional o bidireccional o, incluso, pluridimensional será una decisión que deberá abordarse por la Casa con la aceptación del monarca y la forma y frecuencia puede depender del tipo de canal comunicativo o del flujo de comunicación que deba transmitirse en cada caso. De igual manera, se articulará la participación de la reina y de la princesa de Asturias, respecto de esta última, con progresiva intensidad a partir de su juramento ante las Cortes Generales que se produjo al cumplir 18 años, el día 31 de octu-

---

a otros miembros de la Familia Real, principalmente a la reina Letizia, a la princesa de Asturias y a partir de su mayoría de edad también a la Infanta Sofía.

6.   Circunscribo el comentario a las monarquías europeas y excluyo la de Japón, que mantiene criterios diferentes en esta materia.

bre de 2023[7]. Distingamos, sin embargo, entre el titular de la Corona y otros miembros de la Familia Real. La comunicación del rey con la ciudadanía es una actividad dimanante de una interpretación actual de sus funciones constitucionales de representación y símbolo del Estado y, en ocasiones, pueden adquirir mayor relevancia si se vinculan al cumplimiento de obligaciones constitucionales, como más adelante se explica. Las actividades de comunicación de la reina, de la princesa de Asturias (salvo que tuviera que ejercer la Regencia prevista en el art. 59.2 CE) y también de la infanta Sofía contribuyen a la visibilizar la Corona y a su mayor conocimiento por la ciudadanía, pero no derivan de funciones constitucionales.

Veamos algunos de los medios a través de los que puede llevarse a cabo esta importante actividad de comunicación con la ciudadanía.

3.1.1. Las redes sociales

Las redes sociales son hoy un medio de comunicación ampliamente extendido, especialmente entre los más jóvenes. La presencia de la Corona en estos nuevos medios de comunicación resulta de especial interés y muestra la decisión del rey de mantener una comunicación fluida con la ciudadanía, ya sea a través de canales clásicos como de nuevas vías comunicativas.

La Casa de S.M. el Rey tiene cuenta oficial en la red social *X* (antes, *Twitter*)[8] que se abrió en mayo de 2014, apenas unas semanas antes de la proclamación del rey Felipe VI[9]. Al cumplirse la primera década

---

7. He defendido que, a partir de su juramento ante las Cortes, la princesa de Asturias puede tener «funciones» ya que así lo dice expresamente la fórmula de dicho juramento (art. 61.2 CE). Sin duda, la posibilidad de ser regente si el rey se inhabilitara para el ejercicio de su autoridad y la imposibilidad fuere reconocida por las Cortes Generales, pero también puede ejercer algún tipo de función simbólica o representativa, en este caso de la Corona y no propiamente del Estado. En la fecha del cierre de estas páginas se ha anunciado el que será el primer viaje oficial de la princesa de Asturias al extranjero, el 12 de julio de 2024, en concreto, a Lisboa (Portugal). Puede consultarse: Gómez Sánchez, Yolanda. «Monarquía en democracia: Hay futuro», en *Teoría y derecho: revista de pensamiento jurídico*, N.º 35, 2023, pp. 102-123.
8. https://x.com/casareal, desde el 21/05/2014.
9. 1.163.619 seguidores; 16 cuentas seguidas (institucionales, otras Casas Reales, Moncloa, Senado, Congreso...). Última consulta: 27/06/2024.

de su reinado, en concreto el 20 de junio de 2024, se ha abierto una cuenta oficial de la Casa de S.M. el Rey en *Instagram*[10], ampliándose así los canales de comunicación de la Corona en redes sociales.

El contenido de la cuenta oficial de ambas redes sociales se circunscribe a información y contenido multimedia sobre la actividad del rey y se incluye también información de las actividades de la reina, la princesa de Asturias, la infanta Sofía y la reina Sofía, pero, muy correctamente a mi juicio, no se incluye opiniones ni valoraciones de ningún tipo. La información, suele describir el acto o la actividad realizada y la datación del mismo, incluyendo, en ocasiones, algún otro dato relativo al desarrollo del evento y apoyo audiovisual del mismo.

La propia Casa S.M. el Rey ha incluido en la cuenta de *X* unas normas de uso de la red social, donde se explica el objetivo del perfil que se centra en «informar a los usuarios sobre las actividades de la familia real, así como las derivadas de la Casa de Su Majestad el Rey. Se trata —añaden— de un perfil institucional, en ningún caso de un perfil personal».

En cuanto al seguimiento de otras cuentas, se añade que será la de seguir cuentas de «carácter institucional y con el fin de facilitar su gestión, seguir únicamente cuentas de instituciones y organismos nacionales e internacionales». Finalmente, la cuenta habilita el envío de mensajes a los miembros de la Familia Real, el rey, la reina, la princesa de Asturias, la infanta Sofía, el rey emérito y la reina Sofía, aunque se advierte que, por «norma general y debido al volumen de mensajes que se reciben por este canal no se envían respuestas personalizadas». La posibilidad de enviar mensajes a miembros concretos de la Familia Real, incluido el rey y la reina, está también disponible a través de los respectivos «Libros de Visitas» en la página web oficial de la Casa de S.M. el Rey[11].

---

10. (@casareal.es); 200.000 seguidores; 19 cuentas seguidas (de otras Casas Reales, Congreso, senado, Fundación Princesa de Asturias...). Esta cuenta de Instagram no está incluida todavía en la web oficial donde sí lo está la cuenta en *X* y el canal en YouTube. Última consulta, 27/06/2024.
11. Última consulta, 27/6/2024.

La Casa de S.M. el Rey dispone también de un canal en *YouTube* que cubre los actos del rey y, también de otros miembros de la Familia Real[12] con información multimedia (videos, shorts, directos y listas). También hay acceso a información multimedia a través de la propia web oficial de la Casa de S.M. el Rey.

La Casa mantiene también unos canales institucionales con los medios de comunicación, pero en la página web no se ofrece un listado de estos medios. Igualmente, se mantiene en la web oficial una «agenda», que se actualiza cada viernes y en la que no solo figuran los actos del rey sino también de la reina y de quien tiene funciones representativas, como la reina Sofia o la infanta Elena (que, sin embargo, no está incluida dentro de los miembros de la Familia Real que se publica en la propia web de la Casa).

Lo anterior se refiere a cuentas oficiales y es compatible con el uso de redes sociales de los miembros de la Familia Real a través de cuentas privadas, lo cual no merece ninguna crítica, antes, al contrario, sí así fuera demuestran interés por las informaciones y opiniones que se vierten a través de las redes sociales.

El uso muy comedido de las redes sociales oficiales por la Casa de S.M. el Rey difiere del que actualmente hacen otras monarquías europeas donde, además, de una cuenta de la Casa o de la Familia Real[13] se mantienen cuentas oficiales de cónyuges y herederos y herederas[14].

3.1.2. Comunicados, mensajes y discursos

Los comunicados[15], mensajes y discursos[16] del Rey realizados dentro de España o en el extranjero revisten una especial importancia

---

12. https://www.youtube.com/casarealtv
13. Pueden seguirse las cuentas de monarquías europeas como la de Bélgica, Dinamarca, Luxemburgo, Noruega, Países Bajos, Reino Unido, Suecia o, no europeas, como Japón.
14. Como ejemplo, la cuenta oficial de los príncipes de Gales en *X* (@KensingtonRoyal). La princesa de Gales grabó un video difundido por la BBC el 22 de marzo de 2024 anunciando que padecía cáncer, pero ha publicado en esta cuenta de *X* una foto el 14 de junio de 2024 en la que informa sobre su evolución.
15. Están publicados en la web oficial de La Casa de S.M. el Rey, setenta y seis comunicados, el primero con fecha 17/07/1998, en el que se anuncia el nacimiento del primer hijo de S.A.R. la Infanta Doña Elena y el Excmo. Señor Don

en el marco de la comunicación del rey con la ciudadanía y, en este caso, también con instituciones y organismos. Cabe hacer alguna distinción entre las diversas categorías que hemos enunciado. Mientras que los comunicados se refieren a asuntos en los que ha participado el rey o afectan a su familia y presentan una información escueta y precisa, los mensajes y los discursos se refieren a una variedad de temas, acorde con el acto o lugar en el que se pronuncian. La diferencia entre mensaje y discurso hay que encontrarla en el acto que los origina, mientras que el mensaje puede vincularse a un acontecimiento reiterado (como el mensaje de Navidad) o único (los mensajes extraordinarios del rey Juan Carlos I en 1981 y de Felipe VI en 2017, que se comentan más adelante), el discurso se produce en el marco de un evento oficial y forma parte del desarrollo del mismo. En todo caso, nos encontramos ante formas de comunicación del rey con la ciudadanía y las instituciones.

Respecto del contenido de los mensajes y los discursos, cabe suponer una comunicación muy fluida entre la Casa de S.M. el Rey y el Gobierno que permitirá medir adecuadamente el alcance de estas alocuciones del rey. Esto ha sido especialmente significativo en los diez primeros años de reinado de Felipe VI, quizá porque ha sido una década política y socialmente convulsa.

Resulta obligado citar en este apartado la relevancia de dos mensajes «extraordinarios», en 1981, el del rey Juan Carlos I, y en 2017, el del rey Felipe VI. Uno y otro han sido ampliamente comentados por la doctrina. Creo, con todo, que debe hacerse especial referencia a estos mensajes en situaciones extraordinarias con relación a las obligaciones del monarca que palmariamente están reflejadas en el artículo 9.1 CE, que determina la sujeción de todos los poderes públicos a la Constitución y al resto del ordenamiento jurídico, y en el artículo 61.1 CE que establece las obligaciones derivadas del juramento del rey al

---

Jaime de Marichalar y el último con fecha 19/01/2024 en el que se anuncia el relevo de Don Jaime Alfonsín Alfonso como Jefe de la Casa y el nombramiento de Don Camilo Villarino Marzo para ese cargo. Última consulta 27/06/2024.

16. También están publicados en la web oficial de la Casa de S.M. el Rey los discursos pronunciados por el rey Felipe VI y otros anteriores y los nueve mensajes de Navidad. Última consulta. 27/06/2024.
    https://www.casareal.es/ES/actividades/Paginas/actividades_discursos.aspx

ser proclamado. Respecto de este último cabe afirmar que no se trata solo una fórmula ritual, sino que tiene una relevancia jurídico-constitucional innegable y obliga a quien lo realiza. No se jura ante las Cortes generales como acto protocolario, sin transcendencia jurídica.

La naturaleza de una monarquía en democracia[17] puede verse también a través del juramento que se prevé constitucionalmente cuando el rey o reina acceden al Trono, cuando el heredero o heredera alcanzan la mayoría de edad y en el caso de la regencia. Así lo hace la Constitución española en el artículo 61 CE[18] que, como venimos diciendo, incorpora la fórmula exacta que debe aplicarse al juramento ante las Cortes Generales en los tres casos.

El juramento representa el acto formal de manifestación de lealtad constitucional, tanto del rey o reina como de quien tenga los derechos de inmediata sucesión o asuma la regencia. Es significativo, además, que este juramente se realice *ante* las Cortes Generales, reunidas en sesión conjunta, que reciben este compromiso del rey o reina al ser proclamado, de quien deba sucederle al alcanzar la mayoría de edad o del regente o regentes, respectivamente. El juramento ante las Cortes Generales, donde reside la representación de la soberanía del pueblo, es la más nítida expresión de sujeción al ordenamiento jurídico constitucional y, en suma, al sistema democrático. No existe, pues, autonomía ni discrecionalidad de quien sea titular de la Corona, heredero o heredera o ejerza la jefatura del Estado a título de regente, sino cumplimiento estricto de funciones y actos tasados recogidos en la Constitución y en las leyes.

Siendo las fórmulas sustancialmente idénticas, salvo la fidelidad que debe prestarse al Jefe del Estado por el heredero o heredera y el regente o regentes, que obviamente no procede en el caso del jura-

---

17. Puede consultarse: Gómez Sánchez, Yolanda. «Monarquía en democracia: Hay futuro», en *Teoría y derecho: revista de pensamiento jurídico*, N.º 35, 2023, pp. 102-123.
18. El artículo 61 CE dice: «1. El Rey, al ser proclamado ante las Cortes Generales, prestará juramento de desempeñar fielmente sus funciones, guardar y hacer guardar la Constitución y las leyes y respetar los derechos de los ciudadanos y de las Comunidades Autónomas. 2. El Príncipe heredero, al alcanzar la mayoría de edad, y el Regente o Regentes al hacerse cargo de sus funciones, prestarán el mismo juramento, así como el de fidelidad al Rey».

mento del rey o reina, el alcance jurídico es diferente para cada una de ellas. Como ya se ha señalado, el juramento compromete a «desempeñar fielmente sus funciones, guardar y hacer guardar la Constitución y las leyes y respetar los derechos de los ciudadanos y de las Comunidades Autónomas». En el caso del rey o reina la fórmula abarca las funciones esenciales de un Jefe de Estado en una monarquía parlamentaria: el compromiso de lealtad a las funciones constitucionales y legales; el respeto a la Constitución y las leyes, pero también la tutela activa de una y otras y el respeto a los derechos de la ciudadanía y de las Comunidades Autónomas. La obligación de respeto a los derechos de la ciudadanía debe interpretarse en un sentido amplio, y no solo referido a los derechos de los que sean ciudadanos en sentido estricto, mientras que el respeto a los derechos de las Comunidades Autónomas significa aquí respeto a su existencia y funciones, por tanto, al modelo descentralizado de organización territorial y a su estructura y funcionamiento constitucional y legalmente establecido. Por ello, he defendido que, a partir del juramento, el rey o reina, el príncipe o princesa de Asturias y, en su caso, quien acceda a la regencia, adquieren el compromiso de respetar la Constitución, pero también de hacerla guardar, lo cual explica la intervención del rey Juan Carlos I, el 23 de febrero de 1981 ante el intento de golpe de Estado, pero también el discurso de Felipe VI el 3 de octubre de 2017 en el marco de los acontecimientos sobre la independencia de Cataluña. Coincido con el profesor Oliver[19] acerca de la relevancia, que, en el segundo de los casos, tuvo la institución del refrendo y cómo se gestionó políticamente la intervención del rey y no, en cambio, la del presidente del Gobierno. En todo caso, me permito insistir, el juramento no es una fórmula vacía; es un compromiso jurídicamente vinculante que puede dar cobertura jurídico-constitucional a un mensaje extraordinario del monarca.

En el caso del mensaje extraordinario del rey Juan Carlos en la madrugada del 24 de febrero de 1981 nos encontramos ante el cumplimiento por el rey de la función de acatamiento a la Constitución (art. 9.1CE, vinculación de los poderes públicos a la Constitución); en el caso del mensaje extraordinario del rey Felipe VI, el 3 de octubre de

19. Oliver Araujo, J. *Cuarenta años de monarquía en España, 1975-2015*, Tirant lo Blanch, Valencia, 2022, pp. 138-142.

2017, concurre tanto el artículo 9.1 CE citado como el artículo 61.1 CE (juramento del rey al ser proclamado de guardar y hacer guardar la Constitución y las leyes y respetar los derechos de los ciudadanos y de las Comunidades Autónomas). En ambos casos, los mensajes se realizaron con base constitucional.

3.2. Otras áreas de actividad del rey

Como en el caso de la comunicación del rey con la ciudadanía, tampoco encontramos en la Constitución asignación funcional expresa al monarca en otras materias en las que, sin embargo, despliega una importante actividad que, alineada con la dirección política que corresponde al Gobierno (art. 97 CE), contribuye eficazmente al cumplimiento de las funciones abiertas recogidas en el reiterado artículo 56.1 CE. En el buscador de actividades que está disponible en la web oficial de la Casa de S.M. el Rey, puede encontrarse información sobre cinco categorías de actividades (actos, audiencias, discursos, viajes oficiales y mensajes de Navidad) y trece materias: institucional; defensa; economía; solidaridad; sostenibilidad; formación; cultura; deportes; ciencia; medios de comunicación; relaciones internacionales; salud y mensajes Navidad SM el Rey. De estas trece materias, algunas de ellas responden al ejercicio de funciones constitucionales (por ejemplo, defensa, con relación al mando supremo de las Fuerzas Armadas, art. 62 h) CE o relaciones internacionales, art. 56.1 CE). Otras áreas, sin embargo, muestran nítidamente actividades del rey que deben reconducirse a las funciones de representación y símbolo de las que venimos tratando. Tal sería el caso de las áreas de economía; solidaridad; sostenibilidad; formación; cultura; deportes; ciencia; medios de comunicación; relaciones internacionales; salud y mensajes Navidad.

3.2.1. Formación, cultura, artes, ciencia y deportes

Durante la primera década de su reinado, Felipe VI ha participado en numerosísimos actos y audiencias relativas a las áreas de formación, cultura ciencia y deportes (163 audiencias y 573 actos)[20], también

---

20. Datos obtenidos en el buscador de la web de la Casa de S.M. el Rey. Última consulta: 27/06/2024. https://www.casareal.es/ES/Actividades/Paginas/actividades_discursos-resultado.aspx?TA=D&FI=Desde&M=3&page-Size=5&page=1

con relación a las artes que, sin embargo y sin motivo aparente, no figuran como área independiente entre las establecidas en la web oficial de la Casa. Hay que suponer que se encuentran incluidas en el área de cultura, aunque sería más conveniente que los actos y audiencias de esta categoría se computaran de manera independiente. No incluyo aquí el Alto Patronazgo de las Reales Academias por estar expresamente citado en el art. 62. j) CE.

Como en el caso anterior, debemos buscar el fundamento constitucional a estas actividades no regladas del rey en las funciones *abiertas* contenidas en el artículo 56.1 CE a las que antes hemos aludido, especialmente, las de representación y símbolo del Estado.

Como ya se ha indicado, la presencia y participación del rey en estos ámbitos, donde acompaña la acción del gobierno, han sido muy numerosas a lo largo de esta primera década de reinado y ha servido para apoyar, promover y difundir el trabajo que se realiza en estos campos de gran relevancia para la sociedad[21].

3.2.2. Economía, solidaridad y sostenibilidad

Otro gran ámbito de actividad del rey se ha realizado en estos primeros diez años de reinado en los ámbitos económico, de solidaridad y de sostenibilidad. La actuación del rey con relación a la sociedad civil y las organizaciones del tercer sector, en una pluralidad de asociaciones y organizaciones variadísimas y de actividades variadísimas. Este ámbito es importantísimo porque mantiene a la Corona y a su titular apegado a la realidad de la sociedad española e internacional y fomenta la presencia y la identificación de la Corona con problemas y con reivindicaciones de la propia sociedad. A modo de ejemplo, en el período comentado y con relación al ámbito de la economía, el rey ha participado en 395 actos y 183 audiencias; respecto del área de sostenibilidad

---

21. En la web oficial de la Casa de S.M. el Rey pueden consultarse las actividades realizadas por el monarca distinguiendo por el tipo de actividad (actos; viajes oficiales; audiencias; discursos; mensajes de Navidad de SM el Rey). Para la voz «actos» en todas las categorías el resultado es de 3638; para la voz «viajes oficiales» 263; para la voz «audiencias» 1297; para la voz «discursos» 2060; y para la voz «mensajes de Navidad» 9. Última consulta. 27/06/2024. https://www.casareal.es/ES/Actividades/Paginas/actividades_listado.aspx

ha participado en 29 actos y 3 audiencias y en el área de la solidaridad ha participado en 64 actos y 34 audiencias[22].

3.2.3. Salud

En el ámbito de la salud el rey ha participado en 27 actos y 43 audiencias. En este campo hay que tener en cuenta la participación de la reina Letizia, muy activa en la relación con los problemas de salud, lo cual explicaría el menor número de participaciones del rey en este ámbito[23].

3.2.4. Medios de comunicación

La participación del rey en actividades relativas a los medios de comunicación ha sido igualmente reseñable. Felipe VI ha participado en 77 actos y 20 audiencias[24].

3.2.5. Mensajes de Navidad

La información que puede obtenerse de este ámbito de actividad se corresponde con los diez mensajes de Navidad del rey Felipe VI durante estos primeros diez años de reinado (diciembre 2014 a diciembre 2023, ambos inclusive).

3.3. La Casa de SM el Rey

Otro ámbito de gran relevancia para adquirir esa legitimidad de ejercicio es el referido a la organización de la Casa SM el Rey[25] y de la

---

22. Datos obtenidos en el buscador de la web de la Casa de S.M. el Rey. Última consulta: 27/06/2024. https://www.casareal.es/ES/Actividades/Paginas/actividades_discursos-resultado.aspx?TA=D&FI=Desde&M=3&pageSize=5&page=1
23. Nos centramos en la participación del rey, pero el buscador de la web de la Casa de S.M. el Rey permite buscar el listado de actividades de la reina y de otros miembros de la Familia Real.
24. Datos obtenidos en el buscador de la web de la Casa de S.M. el Rey. Última consulta: 27/06/2024. https://www.casareal.es/ES/Actividades/Paginas/actividades_discursos-resultado.aspx?TA=D&FI=Desde&M=3&pageSize=5&page=1
25. El Real Decreto 434/1988, de 6 de mayo, sobre reestructuración de la Casa de Su Majestad el Rey, que desarrolla el artículo 65 CE, define la Casa de S. M. el Rey como «el Organismo que, bajo la dependencia directa de S. M., tiene como

aplicación del artículo 65, respecto del presupuesto y del nombramiento de los miembros civiles y militares de la Casa.

En orden a la organización de la Casa, transparencia y control se ha llevado a cabo una ingente labor en los últimos años. Aunque algunas actuaciones comenzaron durante el reinado del rey Juan Carlos I[26], los cambios más profundos se han realizado en la última década coincidiendo con el reinado de Felipe VI[27] y muy alineadas con las transformaciones en la gestión de las administraciones públicas, la transparencia y el control económico. Recordemos las sucesivas reformas del Real Decreto 434/1988, de 6 de mayo, sobre reestructuración de la Casa de Su Majestad el Rey[28], órgano de relevancia constitucional integrado en el Estado, como afirma en su introducción, el Real Decreto 297/2022, de 26 de abril. Las reformas de 2014 y la producida por el Real Decreto 772/2015, de 28 de agosto, para introducir previsiones específicas tendentes tanto a reforzar el principio de transparencia en el funcionamiento de la Casa como a garantizar su eficiencia, fortalece cambios anteriores e incluye la regulación de los conflictos de intereses y las incompatibilidades del personal de la Casa remitiéndose a lo aplicable a las diversas categorías de la Administración

---

misión servirle de apoyo en cuantas actividades se deriven del ejercicio de sus funciones como Jefe de Estado», lo cual implica, de hecho, un amplio catálogo de funciones, a las que hay que añadir el apoyo que presta la Casa en el ámbito de la vida privada de los miembros de la Familia Real. Puede consultarse, Gómez Sánchez, Yolanda. «Artículo 65», en *Comentario a la Constitución Española: 40 aniversario 1978-2018: Libro-homenaje a Luis López Guerra*, coord. por Carmen Montesinos Padilla; Pablo Pérez Tremps (dir.), Alejandro Sáiz Arnaiz (dir.), vol. 1, 2018, pp. 1073-1083.

26. Gómez Sánchez, Yolanda. «La Casa de S.M. el Rey durante el Reinado de Don Juan Carlos I», en *Hidalguía: la revista de genealogía, nobleza y armas*, N.º 382, 2019, pp. 623-645.

27. Puede consultarse, entre otros: Cazorla Prieto, Luis María. *Legitimidad monárquica y gestión económica de la Corona*, Aranzadi, 2018.

28. El Tribunal Constitucional en su Sentencia 112/1984, de 28 de noviembre (que resolvió un recurso de amparo promovido por un militar que prestaba servicios en la Casa de S.M. el Rey en relación con un ascenso profesional), definió la Casa de S.M. el Rey como una «organización estatal... que no se inserta en ninguna de las Administraciones Públicas» pero que, su carácter estatal, determina que todos los actos de la Casa puedan someterse al control jurisdiccional, a través de la vía contencioso-administrativa, y, en su caso, al recurso de amparo por violación de derechos fundamentales.

General del Estado (art. 9, 4, 5 y 6) y al personal al servicio de las Administraciones Públicas (art. 10.5), sin perjuicio de la aprobación de un Código de Conducta para el personal al servicio de la Casa.

El Real Decreto de 2022 incorpora actuaciones que venían siendo ya una práctica dentro de la Casa pero que quedan ahora consolidadas en esta norma. Así, se establece para el personal de alta dirección y dirección de la Casa la obligación de presentar una declaración de bienes y derechos en el plazo de tres meses desde su nombramiento y cese, respectivamente, como ya establece la Ley 3/2015, de 30 de marzo para los altos cargos de la Administración General del Estado; se encomienda a la Abogacía General del Estado-Dirección del Servicio Jurídico del Estado el asesoramiento jurídico de la Casa de SM el Rey (art. 13.4) y se regula la información complementaria a la legal que debe publicada en la página web de la Casa, donde ya se venía publicando el presupuesto anual desde 2011.

Es necesario insistir en la necesidad de que la Corona aplique las normas de transparencia y buen gobierno que son hoy seña de identidad democrática y contribuye directamente a la legitimidad de ejercicio en monarquía, como efectivamente se viene haciendo. El control y, sobre todo, la transparencia, deben extenderse también a la institución monárquica como se confirmó con ocasión de la aprobación de la Ley 19/2013, de 9 de diciembre, de transparencia, acceso a la información pública y buen gobierno, en la cual quedó incluida la institución monárquica y ha permitido un acceso sin precedentes a la información sobre los gastos y actividades realizados a través de la Casa de S.M. el Rey (Apartado III de la Exposición de Motivos). El artículo 2, al definir el ámbito subjetivo de aplicación de la Ley incluye a la Casa de S.M. el Rey, en todas las actividades sujetas al Derecho Administrativo. Por su parte la Disposición adicional sexta, sobre la Información de la Casa de Su Majestad el Rey, establece que la «Secretaría General de la Presidencia del Gobierno será el órgano competente para tramitar el procedimiento mediante en el que se solicite el acceso a la información que obre en poder de la Casa de Su Majestad el Rey, así como para conocer de cualquier otra cuestión que pudiera surgir derivada de la aplicación por este órgano de las disposiciones de esta Ley» y así se aplica a través de un acceso directo en la web oficial de la Casa.

Respecto del control económico, la Casa de SM el Rey mantiene un convenio con el Tribunal de Cuentas para la realización de este examen. Ni la Constitución ni la Ley Orgánica 2/1982, de 12 de mayo, del Tribunal de Cuentas y la Ley 7/1988, de 5 de abril, de Funcionamiento del Tribunal de Cuentas hacen mención alguna a la Casa de SM el Rey, por lo que la vía del convenio entre instituciones ha permitido implantar un control económico, no previsto ni constitucional ni legalmente, pero muy conveniente para fortalecer la monarquía en democracia.

Felipe VI: ancla y estímulo

José Luis García Delgado

Académico de Número de la Real Academia de Ciencias Morales y Políticas

Los diez primeros años del reinado de Felipe VI componen el decenio más difícil de la democracia española. La aportación de la Corona durante todo ese tiempo como factor de estabilidad y de impulso a la concordia le otorgan una legitimidad de ejercicio incuestionable. No es difícil advertirlo.

Si el recorrido desde la recuperación de las libertades se trocea por periodos decenales para facilitar la comparación, la caracterización antedicha es incuestionable. Únicamente el que inicia la serie —desde el final de 1975— va a presentar un panorama tan complejo. Se trataba entonces de dejar atrás la dictadura al tiempo que la economía conocía el término abrupto de una larga etapa de expansión; cuarenta años después, la yuxtaposición de los planos económico y político tampoco facilitará las cosas: las muy hondas heridas en el tejido empresarial y el cuerpo social provocadas por el impacto de la Gran Recesión, coincidirán con valores mínimos de los indicadores de confianza en quienes asumen responsabilidades tanto de gobierno como de oposición, niveles nunca antes tan bajos. Lo que viene a continuación en uno y otro tramo, primero y último del medio siglo contemplado, no hace mucho más fácil el más cercano. Si entonces la democracia hubo de pechar con repetidos conatos de golpe de Estado, hasta culminar en el 23F, y con los momentos álgidos del terrorismo —nuestros durísimos *años de plomo*, los que enlazan las décadas de 1970 y 1980—, ahora el orden constitucional ha tenido que afrontar también un golpe de Estado —septiembre y octubre de 2017—, con secuelas que tienden a enquistarse, y ha sido sometido al recurrente cuestionamiento de sus fundamentos, comenzando por el sentido y la relevancia histórica de la Transición.

Como fuere, donde la visión comparada de esos dos períodos decenales capta más nítidamente la mayor dificultad del que llega hasta hoy es en su respectiva desembocadura: a mediados de la década de 1980, ya asentada la democracia, España iniciaba una senda marcada por la estabilidad institucional y el progreso económico, justo cuando también se alcanzaba el acuerdo para integrarse en el proyecto europeo, que facilitaría a su vez la continuidad del camino emprendido. En cambio, al término del decenio que parte de junio de 2014, la España constitucional —y, en ella, la Corona— no tiene el horizonte despejado. Un contraste clamoroso. El tramo que ahora se completa va a encontrar a su término un clima de incertidumbre diametralmente opuesto, en efecto, al ambiente que dominaba al acabar el decenio que incluyó el tránsito a la democracia y la adhesión a las entonces Comunidades Económicas Europeas.

El cotejo con las restantes tres décadas, enmarcadas por la de apertura y la de cierre del medio siglo considerado, subraya igualmente la mayor complejidad de esta última. Es más, los veinte años transcurridos desde mediado el decenio de 1980 hasta el primer lustro del siglo XXI —hasta el atentado del 11 de marzo de 2004— ofrecen en su conjunto, y más conociendo lo que ha venido después, la imagen de un tiempo venturoso. También, por cierto, para el devenir del proyecto europeo: son los años que enlazan el Mercado Único y el Tratado de Maastricht con la gran ampliación a los países del Este. En España, particularmente, y con los altibajos que se quiera, son cuatro lustros de estabilidad política, crecimiento económico y ascendente presencia internacional. Un alargado interludio comparativamente fecundo.

Sin duda, aquella fecha de marzo de 2004 anticipará de algún modo cambios que no tardarán en producirse. En la economía, se pasará de la euforia —el posible *sorpasso* a otras grandes economías europeas en términos de bienestar— a la resignación, cuando se constate el desplome de indicadores macroeconómicos y cuentas de resultados, caídas y pérdidas ocasionadas por la crisis que desde 2007 atraviesa el Atlántico para golpear con dureza a los países con flancos más vulnerables. Y en el ámbito de la política, también aquel marzo de hace veinte años pronto acabará creando un clima enrarecido, dislocando el escenario en que se dirime la rivalidad partidista. Clima y escenario que no han dejado de empeorar, mientras la evolución económica, conociendo sucesivamente situaciones muy dispares, ofrecerá resultados, en promedio, solo muy discretos.

La carga de problemas y conflictos que han soportado los años del reinado de Felipe VI ha sido, pues, muy alta, y desde su mismo punto de partida. El decenio más difícil. Por eso mismo es más subrayable el componente de estabilidad institucional que ha aportado la Corona. El desempeño puntual e intachable de sus funciones constitucionales ha actuado a modo de soporte, de asidero en medio de vaivenes y zozobras. Un ancla, gracias al imperativo de ejemplaridad rigurosamente atendido.

Pero también estímulo. En un entorno dominado —y cada vez con mayor intensidad, ya se ha dicho antes— por un antagonismo irreductible entre gobierno y oposición, la Corona ha alentado insistentemente la búsqueda de puntos de encuentro, la voluntad de negociación. El acuerdo como bien democrático. El acuerdo como elemento integrador. «Darnos la mano y no la espalda», ha sido el mensaje más repetido. Aunque, desde luego, no el que mayor receptividad ha logrado, a tenor de lo que cada día ofrece una confrontación áspera cuyo desiderátum es levantar un «muro» para dividir duraderamente el espacio público, una barrera infranqueable para el adversario.

Ancla y estímulo, en suma: la legitimación por ejercicio bien afirmada —repitámoslo— de la institución monárquica. Toda una garantía para el difícil tiempo que viene.

.

Tercera mesa redonda.

Los poderes del Rey constitucional

Tomás Ramón Fernández Rodríguez
Académico de Número de la Real Academia de Jurisprudencia y Legislación de España

El programa de esta Jornada dedica esta tercera y última mesa redonda a «Los poderes del Rey constitucional», titulación que, quizás, pueda alguno considerar excesiva, ya que, en rigor, el Rey carece en la Monarquía parlamentaria que la Constitución de 1978 diseña de poderes en sentido propio o en sentido fuerte, si prefiere decirse así. Ello no disminuye un ápice, sin embargo, la importancia de la figura del Rey en el escenario constitucional, ya que la Norma Fundamental le atribuye muchas e importantes funciones en los artículos 56 y siguientes que integran el Título II que la Constitución dedica a la Corona.

Aunque, como es natural, no puedo ni debo en mi calidad de simple moderador suplantar a los ilustres compañeros que me acompañan en la mesa, sí quiero llamar la atención sobre un aspecto del problema que tiene, a mi juicio, una indiscutible importancia a la hora de afrontar este delicado asunto. Me refiero, concretamente, al lenguaje, podríamos decir suave o blando, que el texto constitucional utiliza en este Título II de la Constitución por razones obvias de delicadeza y discreción.

Ese lenguaje ha contribuido, me parece, a que todos hayamos hecho una lectura también blanda, ligera, de los artículos 56 y siguientes a los que, tendencialmente al menos y hablando, por supuesto, en términos generales, hemos otorgado un valor poco más que retórico, lo que nos ha llevado en la mayor parte de los casos a autodispensarnos de un análisis un poco más profundo.

Este es el caso, sin duda, de expresiones tales como las que utiliza el artículo 56.1 cuando afirma que «el Rey es el Jefe de Estado, <u>símbolo de su unidad y permanencia</u>» o cuando a continuación añade que «<u>arbitra y modera</u> el funcionamiento regular de las instituciones» o, en fin, cuando el artículo 61.1 establece que el Rey prestará juramento de «<u>guardar y hacer guardar la Constitución</u>».

Detrás de todas ellas hay un campo que explorar, cosa que hasta ahora no hemos hecho, por lo que no hemos aprendido gran cosa, salvo lo que nos mostraron las dos ocasiones (23 de febrero de 1981 y 16 de octubre de 2017) en las que el Rey Emérito D. Juan Carlos I y su hijo y sucesor D. Felipe VI se vieron obligados por las circunstancias a «hacer guardar la Constitución» que estaba siendo flagrantemente violada.

No se limita, sin embargo, a las situaciones de emergencia mi preocupación sobre la necesidad de profundizar en el análisis de las funciones que corresponden al Rey en una Monarquía parlamentaria como la nuestra más allá de la pura literalidad de los textos. Se refiere también y, sobre todo, a la interpretación de los textos, aparentemente inocuos e inexpresivos, que atribuyen al Rey sus funciones, digamos, ordinarias. Por ejemplo, el artículo 62.d), según el cual corresponde al Rey «proponer el candidato a Presidente de Gobierno». Se dice pronto, pero la experiencia de los últimos diez años ha puesto de relieve que esa función no es tan simple y tan rutinaria como muestran las imágenes de la televisión cuando los representantes de los distintos grupos parlamentarios son llamados a consulta. Lo mismo puede decirse del artículo 62.g) que se refiere a la función de «ser informado de los asuntos de Estado y presidir, a estos efectos, las sesiones del Consejo de Ministros cuando lo estime oportuno, a petición del Presidente del Gobierno», precepto que tiene mucha miga, si se me permite el grafismo, como su propio tenor literal apunta.

Y no digamos de esa asunción de «la más alta representación del Estado español en las relaciones internacionales, especialmente con las naciones de su comunidad histórica» a la que se refiere el artículo 56.1.

En fin, lo que quiero decir es que hay mucho detrás de la letra de los artículos 56 y siguientes de la Constitución, que estamos obligados a dirigirles una mirada más atenta y que, si lo hacemos, podremos descubrir muchas cosas en la que hasta ahora no habíamos reparado. Los ponentes que integran la mesa nos van a ayudar con sus intervenciones a realizar esa tarea pendiente.

El papel del Rey en los procesos de investidura en épocas de fragmentación parlamentaria.

Relevancia y evolución de los comunicados de la Casa Real

PIEDAD GARCÍA-ESCUDERO MÁRQUEZ
Patrono de la Fundación Pro Real Academia de Jurisprudencia y Legislación de España

1. Introducción

No es necesario recordar el cambio en el sistema de partidos en nuestro país que se inicia en 2011, se confirma con las elecciones europeas de 2014 y desemboca en la nueva configuración del Congreso de los Diputados a partir de las elecciones de 2015, que se va acentuando para luego reducirse: de cuatro partidos grandes y medianos de ámbito nacional, pasamos a 5 en 2019, de nuevo cuatro en 2023.

Una sola cifra para empezar: en las elecciones generales de 2008, PP y PSOE se repartieron 21 millones y medio de votos; en 2011, entre los dos no llegan a 18 millones, y en 2016 son 13.300.000. En las elecciones de abril de 2019, diez años después de las primeras citadas, con una alta participación, son 5 los partidos de ámbito nacional que suman 22 millones y medio de votos; PP y PSOE juntos no llegan a 12 millones. En las segundas elecciones de 2019, con una participación algo menor (baja de 71,76% a 69,87%), esta cifra se mantiene, aunque hacen falta seis partidos para llegar a 20 millones y medio de votos y son diecinueve las candidaturas que obtienen escaño en el Congreso de los Diputados. En julio de 2023, aunque se aprecia la subida de los dos partidos grandes, que alcanzan juntos casi 16 millones de votos, son cuatro que prorrogan el bibloquismo (PP, PSOE, VOX y SUMAR) los que suman 22 millones y 322 escaños.

El Parlamento fragmentado ha provocado grandes cambios en la organización y el funcionamiento de las Cámaras[1], pero también ha tenido efectos más profundos, que atañen a las instituciones políticas y a las relaciones que mantenían entre sí, en particular sobre la relación de confianza entre el Congreso de los Diputados y el Gobierno[2] y los instrumentos sobre los que gravita aquella, la investidura y la moción de censura. Se producen situaciones inéditas y la aplicación por primera vez de preceptos constitucionales: dificultades para llegar a la investidura, con la consecuencia de largos períodos de gobierno en funciones; y la aprobación de la primera moción de censura en cuarenta años de democracia constitucional.

Es en el primero de los dos procesos en el que la intervención del Rey, y los comunicados de Su Casa a lo largo de su actuación, han cobrado relevancia.

2. Incidencias en el proceso de investidura: el papel del Rey en la propuesta de candidato

Lo que hasta entonces se había desarrollado ordenadamente, en los más de treinta y cinco años de vigencia de la Constitución de 1978, en cuanto a la sucesión de los actos a) fin de legislatura por disolución anticipada, b) elecciones y c) propuesta de candidato a la investidura del líder uno de los dos grandes partidos PP y PSOE, que obtiene mayoría absoluta o suficiente para gobernar en solitario o apoyándose en pactos de legislatura con las minorías nacionalistas, se ha roto,

---

1.   He dedicado varios trabajos a la incidencia de la fragmentación política sobre las Cortes Generales (García-Escudero Márquez, 2017, 2018, 2019, 2023), Véase también Nieto-Jiménez (2022) y Blanco Valdés (2017).

2.   Una visión más amplia presenta García-Escudero Márquez (2020a).

dando lugar a problemas inéditos, resueltos con nuevas interpretaciones de la Constitución o con innovaciones en la práctica constitucional.

Veamos cómo se desarrolla una nueva posición del Rey en el proceso de propuesta de investidura, en la que podemos apreciar:

- multiplicación de las rondas de consultas con los representantes de las formaciones políticas

- adopción de decisiones sobre la celebración o no de aquéllas a efectos de la propuesta de candidato

- decisiones varias sobre el candidato propuesto: líder de la lista más votada o el que cuenta con mayores posibilidades de éxito; candidato sin posibilidad de éxito en la investidura

- decisión de no formulación de propuesta de candidato, dejando correr el plazo para que se produzca la disolución automática prevista en el artículo 99.5 CE.

Contemplamos la evolución de las propuestas de candidato —y de los comunicados de la Casa de S.M. el Rey— en tres periodos: 2015-2016, 2019-2020 y 2023.

2.1. 2015-2016: XI y XII legislaturas

2.1.1. No investidura: la fallida XI legislatura

El resultado de las elecciones generales de diciembre de 2015 evidencia la incapacidad para gobernar en solitario de PP o PSOE: el primero cuenta con 123-122 escaños (según que se tomen los números de las listas electorales o del grupo parlamentario, caso Gómez de la Serna), el segundo con 90.

Las alianzas posibles para formar gobierno, salvo que se alcanzara una *Grosse Koalition* a la alemana[3], precisaban de la integración de uno de los nuevos partidos o coaliciones (Podemos, 69 escaños, y Ciudadanos, 40 escaños), que en consecuencia se incorporan a un grupo de

---

3. Un análisis cratológico de los efectos previsibles de una *Grosse Koalition* en España, mirando a Irlanda y Alemania, en Ruiz Robledo (2016): sería un pésimo negocio para el PSOE, que perdería mucho electorado en beneficio de Podemos.

cuatro imprescindibles, frente al anterior bipartidismo más o menos imperfecto). Sin la abstención de alguno de los cuatro, la alianza de otros dos que no sean los de mayor número de escaños tampoco permitiría llegar a la investidura.

Con las elecciones de 20 de diciembre de 2015 se abre un período largo de gobierno en funciones, cuyo desenlace, tras *tres rondas de consultas del Rey*, se produce a primeros de mayo de 2016, sin que hasta entonces se supiera a ciencia cierta en cada momento cuál iba a ser tal desenlace (investidura o elecciones), en función del estado de la negociación o posiciones de los partidos.

En este período se suceden varias situaciones inéditas:

a) en la *primera ronda de consultas* del Rey (18-22 enero 2016), el líder de la lista más votada renuncia a someterse a la investidura o, en los términos del comunicado de la Casa Real, declina ser candidato como el Rey le había ofrecido[4]. Destacamos la relevancia de este primer comunicado, que inauguraría lo que podemos calificar de nueva convención constitucional. En adelante, los comunicados de la Casa de SM El Rey permitirán seguir los vericuetos del proceso de propuesta de candidato a Presidente. En este caso, informa de la «declinación» de la oferta producida, así como de la información de este hecho al Presidente del Congreso.

b) se produce por primera vez en nuestra historia constitucional una *segunda ronda de consultas* (27 enero-2 febrero), tras la que el Rey —sin comunicado— propone como candidato al líder de la segunda lista más votada (Partido Socialista, Pedro Sánchez), que se ofrece para intentar ser investido (intentar, porque todavía no cuenta con los apoyos necesarios y por sí solo dispone apenas de algo más de la cuarta parte de miembros del Congreso de los Diputados).

---

4. Comunicado de la Casa de S.M. el Rey de 22 de enero de 2016 «... En el transcurso de la última consulta, celebrada con Don Mariano Rajoy Brey, Su Majestad el Rey le ha ofrecido ser candidato a la Presidencia del Gobierno. Don Mariano Rajoy Brey ha agradecido a Su Majestad el Rey dicho ofrecimiento, que ha declinado. 3. Su Majestad el Rey ha informado al Señor Presidente del Congreso de los Diputados, Don Patxi López Álvarez, de la decisión de Don Mariano Rajoy Brey...».

c) no entraré en las vicisitudes políticas de las negociaciones a dos o tres bandas, con pactos y rupturas, que comienzan con un hecho tan inusual como que el tercer partido ofrezca en directo un pacto en el que se atribuye una vicepresidencia y varios ministerios, antes de que el propio candidato conozca tal oferta.

d) también por primera vez en nuestra democracia constitucional, el *candidato no resulta investido* en primera (por mayoría absoluta) ni en segunda votación (por mayoría simple, transcurridas 48 horas)[5]. La primera votación marca el inicio del plazo de dos meses para la disolución de las Cámaras, ex art. 99.5 de la Constitución: el plazo terminaría el 2 de mayo, en el deseo de celebrar elecciones el 26 de junio.

e) el Rey *renuncia a abrir nuevas consultas* de modo inmediato y así se lo comunica al Presidente del Congreso para su traslado a los grupos políticos con representación parlamentaria[6].

El fracaso de la investidura supone el inicio de nuevas negociaciones por el candidato anterior, esta vez en serio, pues ningún partido —salvo el PSOE, obviamente— parecía dispuesto desde el principio a que la primera propuesta del Rey culminara en la investidura.

Tras el cierre de un pacto a dos insuficiente entre PSOE y Ciudadanos, y la ruptura de negociaciones de un pacto a tres casi antes de comenzar, con declaraciones acusatorias por las distintas partes, la Casa Real (12 de abril) informa de la convocatoria para la última semana de abril de dos días de consultas, que permitieran en su caso proponer un candidato que pudiera ser investido; en otro caso, *anuncia* que el Rey no propondría nuevo candidato: si las consultas concluyesen sin

---

5. Resultados primera votación, 2 marzo 2016: 130 a favor (PSOE, Ciudadanos), 219 en contra (resto, salvo 1 abstención de Coalición Canaria. Segunda votación, 4 marzo 2016: 131 a favor (PSOE, Ciudadanos y CCanaria), 219 en contra.
6. Comunicado de la Casa de S.M. el Rey de 7 de marzo de 2016, tras la audiencia al Presidente del Congreso que le trasladó oficialmente el resultado del debate de investidura celebrado entre los días 1 y 4 de marzo: «... Su Majestad ha comunicado al Señor Presidente del Congreso su decisión de no iniciar, por el momento, nuevas consultas con los representantes designados por los Grupos políticos con representación parlamentaria, de manera que las formaciones políticas puedan llevar a cabo las actuaciones que consideren conveniente a los efectos de lo previsto en el artículo 99 de la Constitución...».

una propuesta de candidato, el Rey procedería en el momento oportuno a disolver las Cámaras y convocar elecciones[7].

La declaración del Rey con quince días de antelación se interpretó como una llamada a los partidos políticos, con tiempo suficiente, para que persiguieran los pactos que permitirían evitar las elecciones, a la vez que el anuncio anticipado de que si de las consultas a celebrar no se percibiera la posibilidad de investidura, S. M. no propondría un nuevo candidato, saliendo así al paso de las críticas de inactividad que pudieran formulársele en ese último momento.

Como es sabido, el desenlace de este intrincado argumento se produce una vez celebrada una *tercera y última ronda de consultas* los días 25 y 26 de abril. El Rey, constatado que no existe un candidato con los apoyos necesarios para ser investido, comunica al Presidente del Congreso que *no formulará nueva propuesta*[8] y el día 3 de mayo procede a la disolución de las Cámaras en aplicación del artículo 99.5

---

7.   Comunicado de la Casa de S.M. el Rey de 12.04.2016 «... La finalidad de las consultas es constatar si, de la disposición que le traslden los representantes de los grupos políticos con representación parlamentaria, S.M. el Rey puede proponer un candidato a la Presidencia del Gobierno que cuente con los apoyos necesarios para que el Congreso de los Diputados, en su caso, le otorgue su confianza; o, en ausencia de una propuesta de candidato, proceder a la disolución de ambas Cámaras y a la convocatoria de nuevas elecciones generales en el momento que constitucionalmente corresponda y con el refrendo del Presidente del Congreso... En el caso de que las consultas concluyeran con una propuesta de candidato a la Presidencia del Gobierno, el Sr. Presidente del Congreso, con arreglo al Reglamento de la Cámara, procedería a convocar el Pleno del Congreso de los Diputados para el debate de investidura. Si las consultas concluyesen sin una propuesta de candidato, S.M. el Rey procedería, en los términos previstos en el artículo 99.5 de la Constitución, a la disolución de las Cámaras y a la convocatoria de nuevas elecciones generales con el refrendo del Presidente del Congreso».

8.   Comunicado de la Casa de S.M. el Rey de 26 de abril de 2016. «...Su Majestad el Rey, tras valorar la información que le han trasladado los representantes designados por los grupos políticos con representación parlamentaria que han comparecido en las consultas, ha constatado que no existe un candidato que cuente con los apoyos necesarios para que el Congreso de los Diputados, en su caso, le otorgue su confianza. En ese sentido y de acuerdo con lo expuesto el pasado 12 de abril en la convocatoria de estas consultas, Su Majestad el Rey ha comunicado al Sr. Presidente del Congreso, Don Patxi López Álvarez, que no formula una propuesta de candidato a la Presidencia del Gobierno. Todo ello a los efectos de lo previsto en el artículo 99 de la Constitución».

de la Constitución y a la convocatoria de elecciones para el día 26 de junio[9].

Continúa así un largo período de gobierno en funciones que alcanzaría 314 días, entre las elecciones celebradas el 20 de diciembre de 2015 (XI legislatura) y la investidura de Mariano Rajoy ya en la XII legislatura, el 29 de octubre de 2016, al borde de la expiración del plazo de dos meses desde la primera votación que habría supuesto unas terceras elecciones en un año[10].

2.1.2. Investidura tras segundas elecciones: la XII legislatura

La XII legislatura se abre con un panorama parlamentario futo de las elecciones de 26 de junio de 2016 que continúa siendo incierto. Pese al ascenso del Partido Popular, sus escaños (137), sumados a los de Ciudadanos (32) y al de Coalición Canaria, no llegan a la mayoría absoluta necesaria para que su candidato resulte investido en primera votación, ni en una segunda si no cuenta con al menos la abstención de 11 miembros del Congreso[11].

---

9. Real Decreto 184/2016, de 3 de mayo, de disolución del Congreso de los Diputados y del Senado y de convocatoria de elecciones, publicado en el BOE n.º 107, del mismo 3 de mayo. Por primera vez no se aplica el art. 42 LOREG que, referido a las elecciones anticipadas o por expiración del mandato de las Cortes Generales, Asambleas autonómicas y corporaciones locales, prevé la publicación del decreto de convocatoria al día siguiente de su expedición, entrando en vigor el mismo día de su publicación y celebrándose las elecciones el día quincuagésimo cuarto posterior. Bien es verdad que el citado artículo no contempla la disolución del art. 99.5 CE, a la que se refiere el art. 167. 4 LOREG sólo en relación con el refrendo del Presidente del Congreso, pero una interpretación sistemática y analógica habría debido llevar a la conclusión que la expedición del Real Decreto de disolución y su publicación debían producirse también en este supuesto en días sucesivos, como dispone con carácter cuasi general el art. 42. Sería la LO 2/2016, de 31 de octubre, de modificación de la LOREG para el supuesto de convocatoria automática de elecciones en virtud de lo dispuesto en el art. 99.5 CE, la que solucionaría esta cuestión en el sentido aplicado por el RD citado (nueva disposición adicional 7.ª 1 LOREG).
10. El desarrollo de la XI y los inicios de la XII legislatura hasta llegar a la investidura pueden verse en García-Escudero Márquez (2017), así como en Giménez Sánchez (2017): 215 ss.
11. Resultados de las elecciones al Congreso: PP 137 escaños; PSOE 85; Unidos Podemos 71; C's 32; ERC-Catsí 9; CDC 8; PNV 5; EH BILDU 2; CCA-PBC 1.

Aquí también se repiten las *rondas de consultas*, más separadas en el tiempo y por una investidura fallida.

La *primera ronda* de consultas tiene lugar un mes después de las elecciones, los días 26 a 28 de julio de 2016. Tras ellas, el Rey propone como candidato a la Presidencia del Gobierno a Mariano Rajoy, presidente del Partido Popular. Aunque en un principio se suscitan algunas dudas sobre si el candidato se someterá a la investidura, la sesión tiene finalmente lugar los días 30 de agosto a 2 de septiembre, sin que se obtenga la mayoría requerida para la investidura ni en primera ni en segunda votación[12].

Entre el *intento fallido de investidura*[13] y la segunda ronda de consultas, ya con el fantasma de unas terceras elecciones en el aire[14] si el Partido Socialista persistía en la postura de no abstenerse en segunda votación, se produce la dimisión del Secretario General del PSOE Pedro Sánchez y el nombramiento de una Comisión Gestora. Reunido el Comité Federal el 23 de octubre de 2016 aprobó una resolución fijando la posición política del Grupo en la sesión de investidura[15], consistente en el voto negativo en la primera votación y abstención en la segunda.

---

12. Primera votación de investidura 31 de agosto de 2016: 170 votos a favor (PP, C's, CCa), 180 en contra, 0 abstenciones. Este resultado se repite el 2 de septiembre en la segunda votación.
13. El paréntesis se alarga también por la celebración el 25 de septiembre de las elecciones autonómicas en País Vasco y Galicia, cuyos resultados tendrán bastante que ver en los acontecimientos políticos que se desencadenan a continuación.
14. Las cuales, debido a la fecha de la primera votación de investidura que determina la disolución a los dos meses si no se ha investido a ningún candidato, tendrían lugar el 25 de diciembre, día de Navidad. Para hacer frente a esta eventualidad, el 3 de octubre el Grupo Parlamentario Popular presenta una Proposición de Ley Orgánica de reforma de la LOREG, que sería tomada en consideración el 18 de octubre y tramitada por lectura única y urgencia en ambas Cámaras, siendo aprobada por el Senado el 25 de octubre sin introducir modificaciones en el texto remitido por el Congreso de los Diputados (Ley Orgánica 2/2016, de 31 de octubre, citada en nota 9). La Ley responde al objetivo de acortar el período electoral en una semana, de 54 a 47 días, para evitar la desafortunada pero buscada coincidencia de fechas antes señalada.
15. Carta del Portavoz del Grupo, Antonio Hernando, publicada el día 26 de octubre en eldiario.es y otros medios.

Con este cambio de posición, el Rey celebra *consultas* (previamente anunciadas para el día siguiente de la reunión del Comité Federal del PSOE[16]) los días 24 y 25 de octubre, y *propone nuevamente candidato* a Mariano Rajoy, que es investido finalmente Presidente en segunda votación el 29 de octubre de 2016[17], al borde de los dos meses desde la primera votación de investidura, celebrada el 31 de agosto, cuyo transcurso hubiera supuesto una nueva disolución por aplicación del artículo 99.5 CE.

Termina así el largo período de Gobierno en funciones iniciado con las elecciones de 20 de diciembre de 2015, que incluye la fallida XI legislatura y el comienzo de la XII, con las tortuosidades que se han señalado.

2.2. 2019-2020: XIII y XIV legislaturas

Concluye la XII legislatura marcada por la aprobación el 1 de junio de 2018 de la moción de censura que la divide en dos —de presidencia primero popular, luego socialista— con la disolución anticipada de 4

---

16. Comunicado de la Casa de S.M. el Rey de 11 de octubre de 2016: «...La finalidad de las consultas es constatar si, de la disposición que le trasladen los representantes de los grupos políticos con representación parlamentaria, S.M. el Rey puede proponer un candidato a la Presidencia del Gobierno que cuente con los apoyos necesarios para que el Congreso de los Diputados, en su caso, le otorgue su confianza; o, en ausencia de una propuesta de candidato, proceder a la disolución de ambas Cámaras y a la convocatoria de nuevas elecciones generales en el momento que constitucionalmente corresponda y con el refrendo de la Presidenta del Congreso... En el caso de que las consultas concluyeran con una propuesta de candidato a la Presidencia del Gobierno, la Señora Presidenta del Congreso, con arreglo al Reglamento de la Cámara, procedería a convocar el Pleno del Congreso de los Diputados para el debate de investidura... Si las consultas concluyesen sin una propuesta de candidato, S.M. el Rey procedería, en los términos previstos en el artículo 99.5 de la Constitución, a la disolución de las Cámaras y a la convocatoria de nuevas elecciones generales con el refrendo de la Presidenta del Congreso».
17. Resultados primera votación, 27 octubre de 2016: 170 a favor, 180 en contra, 0 abstenciones, igual que en la primera investidura fallida. Segunda votación, 29 octubre, con 349 votos emitidos (Pedro Sánchez había renunciado esa misma mañana a su escaño): 170 a favor, 111 en contra, 68 abstenciones (PSOE). Rompieron la disciplina de voto 15 diputados socialistas, entre ellos los 7 del PSC. La carta de 7 diciembre de 2016 en que se comunica la imposición de una multa de 600 euros a los 15 diputados díscolos en *ABC,* 18 diciembre 2016.

de marzo de 2019, consecuencia del rechazo de los presupuestos para ese año.

A una agitada campaña electoral suceden las elecciones de 28 de abril, con un resultado que revalida al Presidente del Gobierno surgido de la moción de censura, en cuanto su partido casi duplica en escaños al siguiente en el Congreso y lo consigue en el Senado[18], a lo que contribuye en gran medida la división de la derecha en tres opciones. Se confirma también el fin del bipartidismo y la consiguiente fragmentación del Congreso, Cámara en la que llegan a formarse siete grupos parlamentarios, además del Mixto[19]: como se ha señalado, hacía diez años, PP y PSOE se repartían 21 millones y medio de votos[20]. En 2019, con una alta participación (75,75% frente a 66,48% en 2016), son cinco los partidos de ámbito nacional que suman 22 millones y medio de votantes y 312 escaños (89%) en el Congreso.

Celebrada la primera ronda de consultas, el Rey propone al líder de la lista más votada, sin comunicado. La fragmentación del Congreso y la falta de acuerdos suficientes, en particular la negativa de Ciudadanos a formar una mayoría absoluta con el PSOE, provoca una nueva *investidura fallida*: en las sesiones de 23 y 25 de julio, no se obtiene la mayoría necesaria para investir a Pedro Sánchez, candidato propuesto por el Rey, como Presidente del Gobierno[21].

---

18. Congreso: PSOE, 123 escaños; PP, 66 (1 con Foro); Cs, 57; UP y coaliciones, 42; Vox, 24; ERC, 15; JuntsxCat-JUNTS, 7; PNV, 6; EH Bildu, 4; CCa-PNC, 2; NA+, 2; Compromis, 1; PRC, 1. Senado: PSOE, 121; PP, 56; ERC, 11; PNV, 9; CS, 4; Na+, 3; JuntsxCat-JUNTS, 2; ASG, 1; EH Bildu, 1.

19. Integrado, tras recursos y acuerdos de la Mesa, por 18 miembros: 7 JuntsxCat, 4 EH Bildu, 2 Navarra Suma, 2 CCa, 1 Compromís, 1 PRC y Oriol Junqueras (ERC).

20. La suma de los votos de PSOE y PP en las elecciones generales de 2008 alcanzó 21.567.345 (20.661.654 en 2004). El descenso se inicia en 2011: 17.804.573 votos. En 2016, serían 13.385.082 (55.64%); en 2019, con una participación mayor, 11.836.778 (45,38%). Fuente: Ministerio del Interior. En los resultados publicados por la JEC (BOE 30 mayo 2019) la suma alcanza 11.886.795.

21. Primera votación de investidura, 23 de julio de 2019: votos emitidos 346 (4 estaban suspendidos por hallarse en prisión), a favor del candidato 124 (PSOE y PRC), en contra 170 (PP, Cs, VOX, ERC, Junts, CCA, Navarra+, la portavoz de UP Irene Montero), abstenciones 52 (resto de UP, PNV; EHBildu, Compromís). Segunda votación de investidura, 25 de julio de 2019: con igual número de

Tras el traslado del resultado de investidura fallida por la Presidenta del Congreso, la Casa Real emite un primer comunicado el 26 de julio[22] en el que expresa su decisión de *no iniciar* por el momento nuevas consultas, «de manera que las formaciones políticas puedan llevar a cabo las actuaciones que consideren conveniente a los efectos de lo previsto en el artículo 99 de la Constitución» sin perjuicio de mantener contacto permanente con la Presidenta y de celebrar aquellas antes de que expire el plazo previsto en el artículo 99.5.

El 12 de septiembre se emitiría un nuevo comunicado sobre la decisión de celebrar *nuevas consultas* los días 16 y 17 de septiembre[23] y finalmente otro el 17 de septiembre, después del resultado de aque-

---

votos emitidos, el candidato obtiene los mismos votos a favor y 155 en contra, computándose 67 abstenciones (ERC y la portavoz de UP cambian su voto contrario a la abstención).

22. Comunicado de la Casa de S.M. El Rey de 26 de julio de 2019: «(...) 2. Tras la celebración del mencionado debate de investidura, Su Majestad ha comunicado a la Señora Presidenta del Congreso su decisión de no iniciar, por el momento, nuevas consultas con los representantes designados por los grupos políticos con representación parlamentaria, de manera que las formaciones políticas puedan llevar a cabo las actuaciones que consideren conveniente a los efectos de lo previsto en el artículo 99 de la Constitución (...). 4. Su Majestad el Rey mantendrá un contacto regular y permanente con la Señora Presidenta del Congreso en relación con el procedimiento contemplado en el artículo 99 de la Constitución, a los efectos de la convocatoria de nuevas consultas.5. En todo caso y antes de que finalice el plazo constitucional de dos meses desde la primera votación de investidura, Su Majestad el Rey realizará nuevas consultas con la finalidad de constatar si, de la disposición que le trasladen los representantes de los grupos políticos con representación parlamentaria, Su Majestad puede proponer un candidato a la Presidencia del Gobierno que cuente con los apoyos necesarios para que el Congreso de los Diputados, en su caso, le otorgue su confianza; o, en ausencia de una propuesta de candidato, proceder a la disolución de ambas Cámaras y a la convocatoria de nuevas elecciones generales en el momento que constitucionalmente corresponda y con el refrendo de la Presidenta del Congreso».

23. Comunicado de la Casa de S.M. El Rey de 12 de septiembre de 2019. «(...) 2. Como se anticipó en el comunicado de esta Casa emitido el pasado 26 de julio, la finalidad de las nuevas consultas de Su Majestad el Rey es constatar si, de la disposición que le trasladen los representantes de los grupos políticos con representación parlamentaria, Su Majestad puede proponer un candidato a la Presidencia del Gobierno que cuente con los apoyos necesarios para que el Congreso de los Diputados, en su caso, le otorgue su confianza; o, en ausencia

llas[24], en el que el Rey declara que *no formulará propuesta* de candidato, a los efectos previstos en el artículo 99 CE.

Tras la disolución por aplicación del artículo 99.5 el día 24 de septiembre, las elecciones de 10 de noviembre de 2019 arrojan un resultado aparentemente más negativo para el candidato anterior por cuanto el Partido Socialista pierde 3 escaños, el Partido Popular suma 20 escaños y Vox duplica el número de los suyos, mientras que Podemos desciende considerablemente[25].

No obstante, esta vez se consigue un inédito Gobierno de coalición (PSOE/UP-EC-EM) en minoría que permite obtener los apoyos suficientes para que Pedro Sánchez resulte investido en *segunda votación*

---

de una propuesta de candidato, proceder a la disolución de ambas Cámaras y a la convocatoria de nuevas elecciones generales en el momento que constitucionalmente corresponda y con el refrendo de la Señora Presidenta del Congreso (...) 4. En el caso de que las consultas concluyeran con una propuesta de candidato a la Presidencia del Gobierno, la Señora Presidenta del Congreso, con arreglo al Reglamento de la Cámara, procedería a convocar el Pleno del Congreso de los Diputados para el debate de investidura. 5. Si las consultas concluyesen sin una propuesta de candidato, Su Majestad el Rey procedería, en los términos previstos en el artículo 99.5 de la Constitución, a la disolución de las Cámaras y a la convocatoria de nuevas elecciones generales con el refrendo de la Señora Presidenta del Congreso».

24. Comunicado de la Casa de S.M. de 17 de septiembre de 2019 «(...) 2. Su Majestad el Rey, tras recibir la información que le han trasladado los representantes designados por los grupos políticos con representación parlamentaria que han comparecido en las consultas, ha constatado que no existe un candidato que cuente con los apoyos necesarios para que el Congreso de los Diputados, en su caso, le otorgue su confianza. 3. En ese sentido y de acuerdo con lo expuesto el pasado 12 de septiembre en la convocatoria de estas consultas, Su Majestad el Rey ha comunicado a la Señora Presidenta del Congreso, Doña Meritxell Batet Lamaña, que no formula una propuesta de candidato a la Presidencia del Gobierno. Todo ello a los efectos de lo previsto en el artículo 99 de la Constitución».

25. Resultados de las elecciones al Congreso de 10 de noviembre de 2019: PSOE 120 escaños; PP 88 más 1 PP-Foro Asturias; Vox 52; UPN-IU 26; ERC-Sobiranistes 13; Junts 8; EPC-GEC 7; PNV 6; EH Bildu 5; Más País-Equo 2; CUP-PR 2; Podemos-EU 2; CCa-NC 2; Navarra Suma 2; Més Compromís 1; BNG 1; PRC 1; Teruel Existe 1.

el 7 de enero de 2020 por mayoría simple[26], cuando se anunciaba ya la pandemia por Covid-19[27]. El Rey, sin comunicado, había propuesto al líder de la lista más votada, artífice de la coalición.

La multiplicación de fuerzas representadas[28] precisa de una negociación a múltiples bandas y no garantiza una mayoría estable a lo largo de la legislatura. A pesar de las dificultades de toda índole (presupuestos prorrogados dos veces, aprobación de reprobaciones de ministros), no es esa inestabilidad la que provoca el fin de la legislatura, sino una causa distinta: una repentina disolución anticipada al día siguiente de las elecciones municipales y autonómicas de mayo de 2023, cuyo giro político se pretende enderezar convocando elecciones generales para el 23 de julio.

2.3. 2023: XV legislatura

Este objetivo se consigue en parte, frenando el ascenso del PP y el descenso de los partidos de gobierno, de forma que aparecen claramente dos posibles bloques de investidura casi empatados, situación en la que —tras la atribución al PP de un escaño en Madrid por el voto del CERA— resulta decisivo el apoyo de Junts, cuyo líder Puigdemont continúa fuera de España[29].

2.3.1. Investidura fallida del líder de la lista más votada

Las Cámaras se constituyen el 17 de agosto de 2023. El Rey celebra *consultas* los días 21 y 22 de agosto, a las que no asisten los líderes de

---

26. Resultado de la primera votación de investidura celebrada el 5 de enero de 2020: 349 votos emitidos (faltó una diputada de EC por enfermedad), a favor del candidato 166 (PSOE, UP; PNV, MPaís, NC, BNG, Teruel Existe), en contra 165 (PP; VOX, CS, Junts, Navarra+, CUP, CCA, Foro Asturias, PRC), 18 abstenciones (ERC, EHBildu). Resultado de la segunda votación el 7 de enero de 2020: 350 votos emitidos, a favor 167, en contra 165, abstenciones 18.
27. Sobre la problemática creada por la pandemia en las relaciones Parlamento-Gobierno, puede verse García-Escudero Márquez (2020b y 2021).
28. Hasta el punto de que se constituirían dos «Grupos Mixtos», permitiendo la Mesa de la escisión por la formación de un Grupo Plural con los miembros de Compromís, PdeCat, Junts, Más País y BNG.
29. Escaños Congreso de los Diputados: PP, 137; PSOE, 121; Vox, 33; Sumar, 31; ERC, 7; Junts, 7; EHBildu, 6; PNV, 5; BNG, 1; CCA, 1; UPN, 1. El bloque PP-VOX-CCa-UPN suma 172 escaños; PSOE más SUMAR, ERC, EHBILDU, PNV y BNG, 171; los votos a favor de Junts son necesarios para superar al otro bloque.

ERC, Junts, Bildu, BNG, emitiendo tras ellas un *comunicado la Casa Real*[30]. Este comunicado es particularmente relevante, porque en los días previos se habían expresado por políticos y académicos opiniones distintas en los medios de comunicación sobre si el Rey debía proponer al líder de la lista más votada o al que le expresara que poseía los apoyos necesarios para ser investido.

Debo señalar que me encuentro entre los segundos, con la matización de que la ausencia voluntaria de algunas formaciones en las consultas no permite conocer fehacientemente el sentido de su voto.

Así las cosas, encontramos una peculiaridad importante en el comunicado, en el que se *motiva la decisión del Rey* de proponer como candidato a la Presidencia del Gobierno a Alberto Núñez Feijóo. Motivación no jurídica obviamente, pues se trata de un acto político, pero que se considera necesaria y que es impecable[31]. Se fundamenta la propuesta como candidato del líder de la lista más votada en los precedentes que lo convierten en costumbre, en la inexistencia de una mayoría suficiente para la investidura que hiciera decaer esa costum-

---

30. Comunicado de la Casa de S.M. El Rey de 22 de agosto de 2023: «... Su Majestad el Rey ha propuesto a don Alberto Núñez Feijóo como candidato a la Presidencia del Gobierno y ha dado traslado de dicha propuesta a la Señora Presidenta del Congreso de los Diputados a los efectos correspondientes.///Se hacen públicas las siguientes consideraciones: Primera.– Los representantes de los grupos políticos con representación parlamentaria que han comparecido en el procedimiento han expuesto a Su Majestad el Rey el sentido de sus apoyos parlamentarios. Segunda.– El representante del Partido Popular, don Alberto Núñez Feijóo, le ha trasladado a Su Majestad el Rey su disposición a ser candidato al proceso de investidura como Presidente del Gobierno. Tercera.– El Partido Popular ha sido el grupo político que ha obtenido mayor número de escaños en las pasadas elecciones del 23 de julio. ///En ese sentido, conviene señalar que, salvo en la Legislatura XI, en todas las elecciones generales celebradas desde la entrada en vigor de la Constitución, el candidato del grupo político que ha obtenido el mayor número de escaños ha sido el primero en ser propuesto por Su Majestad el Rey como candidato a la Presidencia del Gobierno. Esta práctica se ha ido convirtiendo con el paso de los años en una costumbre.///En el procedimiento de consultas llevado a cabo por Su Majestad el Rey no se ha constatado, a día de hoy, la existencia de una mayoría suficiente para la investidura que, en su caso, hiciera decaer esta costumbre. Cuarta.– De conformidad con lo previsto en el apartado 3 del artículo 99 de la Constitución, si don Alberto Núñez Feijóo obtiene la confianza de la Cámara, será nombrado Presidente del Gobierno...».
31. En el mismo sentido, Tajadura Tejada (2023); Aragón Reyes (2023).

bre, y en la disposición del candidato a presentarse (que aparece como primera motivación, tal vez por el precedente contrario, aunque debería ser la última en el proceso de razonamiento), se sobreentiende que sin disponer de los apoyos necesarios para ser investido[32]. Nos encontramos pues en el supuesto opuesto a la XIII legislatura, en la que el candidato más votado «declinó» presentarse como candidato sin apoyos y fue el segundo el que se ofreció para someterse a una investidura fallida que activara los plazos para una disolución automática.

Al igual que en anteriores comunicados, se anuncian los pasos siguientes que seguiría en su caso el Rey de conformidad con el artículo 99 CE: nombramiento en caso de investidura, sucesivas propuestas en caso contrario y, en ausencia de otorgamiento de la confianza, disolución en aplicación del artículo 99.5 CE.

Ante la necesidad de programar la fecha de la primera votación de investidura para que unas eventuales segundas elecciones no coincidan con las vacaciones navideñas, la Presidenta del Congreso, de acuerdo con el candidato, fija la fecha del debate de investidura para los días 26 y 27 de septiembre. El proceso de negociación del candidato se ve oscurecido por incidencias en relación con la obtención del campeonato del mundo de fútbol femenino y por las negociaciones paralelas que celebran miembros del Gobierno con vistas a que la investidura del primer candidato resulte fallida y se proponga nuevo candidato.

Ni en la primera votación de investidura, celebrada el 27 de septiembre, ni en la segunda, el día 29, el candidato Núñez Feijóo obtiene la mayoría necesaria, superando, a los 172 votos favorables previstos, 178 en contra en la primera, dirimiendo un cuasi empate, como puede comprobarse, los 7 votos de Junts. La segunda votación arroja el resultado de 172 a favor y 177 en contra, con un voto nulo: un diputado de Junts dijo sí y después no, repitiendo sólo el primero la Secretaria de la Mesa que daba lectura a los llamados a votar y declarando la nulidad del voto la Presidenta, a diferencia de la votación anterior, en la que una situación similar se computó como no, alegando la Secretaria entonces en la tribuna un error en la lectura del apellido del votante, miembro del Grupo Socialista.

---

32. Núñez Feijóo cuenta con los 137 votos del PP, 33 de Vox, 1 CCa, 1 UPN: 172.

2.3.2. Investidura del líder de la segunda lista más votada

El Rey celebra una *segunda ronda de consultas* los días 2 y 3 de octubre de 2023 —de nuevo sin que acudan los representantes de ERC, Junts, EHBildu y BNG—, proponiendo como candidato al líder de la segunda lista más votada, Pedro Sánchez (que no había intervenido en el primer debate de investidura).

De nuevo un comunicado de la Casa de S.M. el Rey expresa en forma de consideraciones la *motivación de la propuesta*, siguiendo la línea del anterior: en este caso se fundamenta en la previsión constitucional de tramitar sucesivas propuestas, el resultado de la investidura anterior y la disposición a ser candidato en un nuevo proceso de investidura del representante del Partido Socialista Obrero Español[33]. Se recalca además que corresponde al Congreso de los Diputados decidir, previa exposición del programa y solicitud de la confianza por el candidato, decidir si la otorga o deniega.

Destacamos de este comunicado, aparte de que parece responder a una costumbre instaurada porque caben dudas sobre su necesidad, que —sin perjuicio de que obviamente esta segunda propuesta deriva del rechazo de la anterior— se justifique en la disposición del candidato propuesto (parece que tal disposición sustituiría al requisito de contar con los apoyos para ser investido, esto es, a la certeza sobre la posibilidad de investidura) y en la competencia constitucional del Congreso para decidir, lo que también elimina de la actuación del Rey la necesidad de que el candidato cuente en el momento de la propuesta con los

---

33. Comunicado de la Casa de S. M. del Rey de 3 de octubre de 2023, consideraciones segunda y tercera: «Segunda.– A la vista de la previsión constitucional de tramitar sucesivas propuestas, del resultado de la investidura anterior [...] y de la disposición a ser candidato en un nuevo proceso de investidura del representante del Partido Socialista Obrero Español, Su Majestad el Rey ha propuesto a Don Pedro Sánchez Pérez-Castejón como candidato a la Presidencia del Gobierno y ha dado traslado de dicha propuesta a la Señora Presidenta del Congreso de los Diputados a los efectos correspondientes. Tercera.– El apartado 2 del artículo 99 señala que el candidato propuesto —al igual que hizo el primer candidato— expondrá ante el Congreso de los Diputados el programa político del Gobierno que pretenda formar y solicitará la confianza de la Cámara, correspondiendo constitucionalmente al Congreso de los Diputados (apartado 3 del artículo 99) decidir si, en base a lo anterior, otorga o deniega la confianza al candidato propuesto».

apoyos suficientes. En último término, los comunicados, al motivar/ justificar las decisiones, van estrechando —¿rechazando?— el margen de discrecionalidad que solía reconocerse al Rey a la hora de proponer un candidato, siempre sobre la base de que se tratara del que contara con mayores posibilidades de ser investido.

Con cesiones previas a la segunda propuesta (incluso antes del primer debate de investidura: solicitud de oficialidad en la UE de las lenguas vasca, catalana y gallega, aprobación en lectura única, el día 21 de septiembre, de una proposición de reforma del Reglamento del Congreso para la utilización en esta Cámara de las lenguas cooficiales en las Comunidades Autónomas) y la exigencia por los partidos nacionalistas catalanes de una ley orgánica de amnistía y un referéndum de autodeterminación[34], el segundo candidato propuesto por el Rey resulta investido en primera votación el 16 de noviembre por mayoría absoluta, con 179 votos a favor (los contrarios al anterior candidato más Coalición Canaria) y 171 en contra, alejando el fantasma de la repetición de elecciones, que habría sido la tercera en siete años. Se inicia un segundo Gobierno de coalición, esta vez de PSOE con SUMAR.

3. Conclusión: reforzamiento de la función del Rey en el proceso de investidura

La dificultad de llegar a la investidura de un Presidente del Gobierno en el Congreso fragmentado, ha dado lugar en los periodos estudiados a novedades políticas y de aplicación de la Constitución, que han afectado al papel del Rey en el proceso de investidura de Presidente del Gobierno, papel que ya no se concibe como la automática propuesta del líder de la lista más votada.

---

34. El Parlamento de Cataluña aprueba el 29 de septiembre de 2023 sendas propuestas subsiguientes al debate sobre orientación política general del Govern (BOPC n.º 668): el Parlament se reafirma en la defensa del ejercicio de la autodeterminación, es decir, que Cataluña pueda decidir su futuro colectivo a través de un referéndum, y se pronuncia a favor de que las fuerzas políticas catalanas no den apoyo a una investidura de un futuro Gobierno español que no se comprometa a trabajar para hacer efectivas las condiciones para la celebración del referéndum; y defiende la necesidad de la ley de amnistía en la que se incluyan las personas represaliadas por motivos políticos en defensa de derechos y libertades en el contexto de conflicto social y político con el Estado español.

La doctrina se había planteado situaciones hipotéticas, con interrogantes como si era posible volver a proponer a un candidato no investido (se ha visto que sí) o el margen de discrecionalidad del Rey al formular la propuesta de candidato, pero la realidad ha superado con creces la ficción. En los distintos períodos examinados (2015-2016, 2019-2020, 2023), hemos visto incidentes inéditos que al repetirse se han convertido en habituales, como la multiplicación de las rondas de consultas del Rey (10, de enero de 2016 a octubre de 2023), y otros como la renuncia del líder del partido con mayor número de votos a ser propuesto candidato a la investidura (M. Rajoy, enero 2016), o la aceptación por otro, sea o no el líder de la lista más votada, sin posibilidades de ser investido, a los efectos de que empezara a correr el plazo de dos meses desde la primera votación para que se disolvieran las Cámaras y se convocaran por primera vez las elecciones previstas en el artículo 99.5 de la Constitución (P. Sánchez, febrero 2016; A. Núñez Feijóo agosto-septiembre 2023, supuesto inverso, aun sin el mismo desenlace).

Pero, sobre todo:

a) cuatro investiduras fallidas también por primera vez: las de Pedro Sánchez el 4 de marzo de 2016 (XI legislatura); ya en la siguiente legislatura, Mariano Rajoy, 2 de septiembre del mismo año; en la XIII, de nuevo Pedro Sánchez el 27 de julio de 2019; en la XV, el 29 de septiembre de 2023, Alberto Núñez Feijóo.

b) dos disoluciones por aplicación del artículo 99.5 de la Constitución: el 3 de mayo de 2015, que pone fin a la breve XI legislatura, y el 24 de septiembre de 2019, con la que concluye la asimismo breve XIII legislatura.

c) largos periodos de Gobierno en funciones: de 314 días entre las elecciones celebradas el 20 de diciembre de 2015 (XI legislatura) y la investidura de Mariano Rajoy ya en la XII legislatura, el 29 de octubre de 2016, al borde de la expiración del plazo de dos meses desde la primera votación que habría supuesto unas terceras elecciones en un año; y un segundo período de 254 días, que se abre con las elecciones celebradas el 28 de abril de 2019 (XIII legislatura), hasta la investidura tras las elecciones de 10 de noviembre, ya en la XIV legislatura, el 7 de enero de 2020.

Las cuestiones de interpretación constitucional planteadas dieron lugar a debates doctrinales según se iban produciendo, algunas sin mayor dificultad en su resolución, como la posibilidad de renuncia a ser candidato a Presidente del Gobierno o la supuesta obligatoriedad del Rey a proponer como candidato al líder de la lista más votada.

El núcleo de la crítica versó sobre la suficiencia o no de la regulación contenida en el artículo 99 CE, que había funcionado sin problemas en los decenios anteriores, cuando los resultados electorales permitían investir un Presidente del Gobierno con relativa facilidad; en mi opinión, las carencias observadas no precisan echar abajo el texto constitucional: en el artículo que nos ocupa bastaría con sustituir el *dies a quo* y el plazo que conducen a la disolución automática, para que esta pueda producirse aun sin votación previa de candidato, a los cuatro meses de las elecciones si no se ha investido Presidente.

Como ha podido comprobarse a través de la evolución de los comunicados de la Casa de SM el Rey (10 de 2016 a 2023) sobre su actuación en la función constitucional de propuesta de candidato a la Presidencia del Gobierno, aquellos pasan a configurar una convención constitucional y reflejan el cambio en el papel del Rey en el proceso de investidura. Se ha pasado de describir hechos (la declinación de la oferta de propuesta, la oferta de ser candidato sin éxito) a anunciar y justificar actuaciones futuras, para acabar motivando las decisiones de proponer al líder de la lista más votada sin posibilidad de ser elegido o al de la segunda lista sin certeza de que obtenga la investidura. En todo caso, constituyen una muestra de transparencia y nuevos hábitos en tiempos de complejidad política.

4. Bibliografía

Aragón, Reyes, M. (2023). El Rey ha hecho lo que debía. *El Mundo,* 25 agosto.

Blanco Valdés, R. (2017). El año que vivimos peligrosamente: del bipartidismo imperfecto a la perfecta ingobernabilidad. *REDC,* 109, 63-96.

García-Escudero Márquez, P. (2017). Actividad legislativa del Parlamento con un Gobierno en funciones. En Aranda Alvarez, E. (coord.), *Lecciones constitucionales de 314 días con el Gobierno en funciones* (pp. 239-266). Valencia: Tirant lo Blanch.

García-Escudero Márquez, P. (2018). «Un nuevo Parlamento fragmentado para los 40 años de la Constitución». *Revista de Derecho Político,* 101, 67-98.

García-Escudero Márquez, P. (2019). Balance de la moción de censura constructiva en un Parlamento fragmentado. *Teoría y Realidad Constitucional,* 44, 101-136.

García-Escudero Márquez, P. (2020a). Parlamento y Gobierno en tiempos de multipartidismo. *Corts. Anuario de Derecho parlamentario*, 33, 183-209.

García-Escudero Márquez, P. (2020b). La ductilidad del Derecho parlamentario en tiempos de crisis. Actividad y funcionamiento de los Parlamentos durante el estado de alarma por COVID-19. *Teoría y Realidad Constitucional,* 46, 2020, 271-308.

García-Escudero Márquez, P. (2021). Paralización legislativa y gobierno por decreto-ley. *Cuadernos Manuel Giménez Abad*, 21, 2021, 82-104.

García-Escudero Márquez, P. (2023). Incidencia de la fragmentación parlamentaria en la confianza Congreso-Gobierno: investidura y censura. Teoría y Realidad Constitucional, 52, 2023, 147-171.

Giménez Sánchez, I. (2017). La actividad desarrollada por las Cortes en la situación de legislatura fallida y de Gobierno en funciones. *REDC*, 109, 215-235.

Hernández Mancha, A. (2017). El dedo de Fraga y la moción de censura. *ABC,* 17 de junio.

Nieto-Jiménez, J.C. (2022). Fragmentación y polarización parlamentarias en las Cortes Generales españolas (2015-2019), *Revista de Estudios Políticos,* 196, 159-192.

Ruiz Robledo, A. (2016) La ciencia del poder. *El País,* 20 abril.

Ruiz Robledo, A. (2018). Rajoy no tenía el botón nuclear, *Diario del Derecho Iustel,* 4 junio.

Simón Yarza, F. (2019). De la investidura convulsa a la moción de espíritu destructivo. *REDC,* 116, 111-136.

Tajadura Tejada, J. (2023). «La decisión del Rey». *El País,* 25 agosto.

Los poderes del Rey Constitucional.

Competencias, potestades y capacidades del Rey: del «hard power» al «soft power» de la Corona

ALFREDO PÉREZ DE ARMIÑÁN Y DE LA SERNA
Académico de Número de la Real Academia de Bellas Artes de San Fernando

Señoras y Señores Académicos,

Señoras y Señores:

He de agradecer, en primer lugar, a la Real Academia de Jurisprudencia y Legislación de España y a la Fundación que la apoya el honor que me hacen invitándome a participar, junto con tan ilustres intervinientes, en esta jornada dedicada al examen de la primera década del reinado de S.M. el Rey D. Felipe VI, coincidiendo con el décimo aniversario de su proclamación ante las Cortes Generales.

El título de esta Sección de la Jornada, «Los poderes del Rey constitucional», puede dar lugar a equívocos. Para la mayor parte de los autores, en una Monarquía parlamentaria como lo es la española de hoy, el Rey no ejerce ningún poder. Sus competencias y funciones están constitucionalmente tasadas y no puede ni debe actuar sin el refrendo gubernamental. Como titular de la Jefatura del Estado, órgano constitucional que no tiene ya el carácter de órgano supremo, —aunque sí mantiene una innegable posición de preeminencia respecto de los restantes órganos constitucionales, como señaló Carlo Espósito—, ni ostenta el poder «moderador» o «neutro» sobre los demás poderes del Estado, que le otorgó Constant en su teoría de la Monarquía constitucional, ni desempeña la función de «defensor de la Constitución», con la que le caracterizó más modernamente Carl Schmitt.

Si bien el Rey, en el tipo específico de Monarquía que es la parlamentaria —y más en una Monarquía parlamentaria racionalizada como la española de 1978—, no ostenta ningún poder de dirección política del Estado, que sólo puede provenir de la legitimación democrática a través de la representación parlamentaria, derivada de su elección por sufragio universal libre y directo, lo cierto es que no puede negarse la trascendencia de su función al ocupar la más alta magistratura y simbolizar la unidad y permanencia del Estado.

A diferencia de lo que ocurría en la Monarquía constitucional en sentido estricto, donde la representación del Estado y, por tanto, el ejercicio del poder era dualista, compartida entre la Corona y el Parlamento —«las Cortes con el Rey», en expresión de la Constitución canovista de 1876—, en la Monarquía parlamentaria la figura institucional de la Corona no comparte el poder con la representación del pueblo, sino expresa únicamente, y de modo simbólico, la unidad y permanencia del Estado como organización político-jurídica de origen histórico, basada a su vez en la unidad de sus elementos constitutivos clásicos: poder, pueblo y territorio. Carece, pues, de intervención en el proceso de dirección política. En ello se diferencia la jefatura del Estado en la Monarquía parlamentaria de la Jefatura del Estado en la República parlamentaria, pues en ésta el Presidente de la República, por su origen electivo, y no hereditario, puede ejercer ciertas potestades de intervención en el proceso de dirección política que están vedadas al Monarca parlamentario —siendo, por el contrario, muy semejantes a las del Monarca constitucional—, como disolver el Parlamento, vetar o posponer, en determinadas circunstancias y con algunas limitaciones, la promulgación de las leyes aprobadas por aquél, e intervenir de alguna manera en la formación del Gobierno cuando se producen situaciones de crisis o de gran fragmentación parlamentaria, que no facilitan el acuerdo entre las fuerzas políticas.

Por consiguiente, puede decirse que en la Monarquía parlamentaria se ha pasado de una Corona dotada de «hard power» a otra caracterizada por el «soft power», si se me permite utilizar estas expresiones en inglés, hoy tan extendidas. Pero aun así, y a pesar de la opinión mayoritaria de la doctrina, que considera el ejercicio efectivo de las funciones del Rey establecidas en la Constitución como «actos debidos», algunos de los que hemos estudiado la institución en la Constitución española de 1978, como Miguel Herrero, Manuel Fernández-Fontecha y yo mismo, hemos sostenido que aunque el Rey no puede, desde luego, intervenir en el proceso de dirección política —como lo hacían sus antecesores en la época de la Monarquía constitucional—, sí puede y debe hacerlo, como Jefe del Estado, en el proceso político, entendido en el sentido amplio al que se refiere la doctrina italiana, desempeñando, más que poderes propiamente dichos, las competencias y potestades que le atribuyen los artículos 56, 62, 63 y 99 de la Constitución.

Estas atribuciones del Rey son tan normativas como las restantes de la Constitución, y así hay que subrayarlo. No hay en nuestra norma suprema potestades nominales frente a potestades efectivas, preceptos con contenido normativo y artículos despojados de ese contenido. Lo que hay son reglas para el ejercicio de esas potestades, como la exigencia del refrendo. Pero este no excluye que exista la potestad ni la competencia.

Para ejercerlas, como acaba de decirse, el Monarca necesita contar, según lo previsto en el artículo 64 de la Constitución, con el refrendo gubernamental, expreso o tácito. Este refrendo es un acto complejo, que no anula su capacidad. El Rey siempre puede expresar su opinión al Presidente del Gobierno y a los Ministros refrendantes, en uso de su competencia de moderar el funcionamiento regular de las instituciones, es decir, de «advertir, aconsejar y ser consultado» según la célebre expresión de Walter Bagehot, aunque, en caso de discrepancia del Gobierno con su opinión, haya de someterse a la de quienes asumen la responsabilidad de los actos regios. De ello se desprende que no cabe atribuirle ninguna capacidad de oponerse a la posición del Gobierno investido y sostenido por la mayoría del Congreso de los Diputados. *A fortiori*, tampoco puede negar la sanción a una norma con rango de ley aprobada por las Cortes Generales conforme al procedimiento establecido, sin perjuicio de que pueda ser impugnada por quienes tienen la capacidad de hacerlo ante el Tribunal Constitucional, mediante el recurso o la cuestión de inconstitucionalidad, o, en su caso, ante el Tribunal de Justicia de la Unión Europea, a través del planteamiento de una cuestión prejudicial, como previsiblemente sucederá con la Ley Orgánica de Amnistía recién aprobada.

Ahora bien, la experiencia y la práctica constitucional desde 1978 han puesto a prueba estos principios teóricos, con ocasión de dos acontecimientos graves y extraordinarios: el intento de golpe de Estado del 23 de febrero de 1981, durante el reinado de D. Juan Carlos I, y el proceso independentista catalán, que culminó en las llamadas «leyes de desconexión» de septiembre de 2017 y en el referéndum del siguiente 1 de octubre, durante el reinado de D. Felipe VI. Son, como veremos a continuación, dos tipos diferentes de situaciones de excepción. También lo han sido las respuestas de la Corona ante cada una de ellas.

En ambas ocasiones, el «hard power» del Monarca apareció, para arbitrar las medidas necesarias a fin de restablecer el orden constitucional, de acuerdo con las dos primeras grandes competencias que le confiere el artículo 56.1 de la norma fundamental («El Rey es el Jefe del Estado, símbolo de su unidad y permanencia, arbitra y modera el funcionamiento regular de las instituciones…»), y, en el caso de 1981, en ejercicio, además, del mando supremo de las Fuerzas Armadas que expresamente le atribuye el artículo 62 h).

La actuación del Rey ante cada uno de esos acontecimientos debe analizarse, a mi juicio, en función de una distinción básica, que afecta de lleno a la consideración constitucional de sus competencias y potestades: no es lo mismo la situación de normalidad constitucional que la situación de alteración constitucional, y aún dentro de esta última cabe distinguir entre aquellas alteraciones que pueden resolverse *intra ordinem*, apelando e incitando a intervenir para ello a los órganos constitucionales competentes, como hizo D. Felipe VI en su discurso del 3 de octubre de 2017, y aquellas que, por las circunstancias, tienen que afrontarse *extra ordinem*, como tuvo que hacer D. Juan Carlos I el 23 de febrero de 1981, al encontrarse secuestrados el Congreso de los Diputados y el Gobierno.

En el primer caso, el actual Monarca se limitó, aunque de modo muy eficaz y altamente expresivo, a requerir la intervención de los poderes del Estado llamados constitucionalmente a impedir una secesión territorial y garantizar el orden constitucional y estatutario —tanto el Gobierno y el Parlamento como el Tribunal Constitucional y el Poder Judicial—, mientras que su padre tuvo que acudir al ejercicio efectivo y directo del mando supremo de las Fuerzas Armadas para restablecer la normalidad, contando únicamente para ello con la lógica presunción del refrendo del Gobierno secuestrado, lo cual, desde luego, resultó plenamente acertado. En 2017 el Rey dio una señal de alarma; en 1981 dio órdenes de inmediato cumplimiento.

Así pues, el ejercicio por el Rey de su competencia de arbitraje para restablecer el orden constitucional sólo puede traducirse en una apelación a los órganos constitucionales llamados ordinariamente a intervenir —caso de octubre de 2017— o en una intervención directa cuando esos órganos están impedidos de hacerlo por cualquier circunstancia como ocurrió en 1981. Fuera de esas dos circunstancias, y estando en pie el aparato constitucional del Estado, el Monarca no puede ni debe intervenir en ejercicio de su competencia arbitral.

Ahora bien, ¿qué papel corresponde al Monarca parlamentario, como símbolo de la unidad y permanencia del Estado, con la gran competencia añadida de «arbitrar el funcionamiento regular de las instituciones», según el artículo 56.1 de la Constitución, cuando es el propio orden constitucional el que es frontal, patente y flagrantemente quebrantado por quienes están llamados a mantenerlo, al apartarse total y absolutamente del procedimiento establecido para ejercer sus competencias o actuar con manifiesta incompetencia?

Este es, sin duda, el caso más peligroso y extremo en una democracia, pues la amenaza a la Constitución no proviene de quien la ataca desde el exterior, sino de quien ha de defenderla. Aquí no estamos ante la necesidad de una interpretación de la conformidad de una actuación de esos órganos constitucionales con la propia Constitución, sino ante la manifiesta e inequívoca vulneración de aquélla, por evidente y no necesitada, por tanto, de averiguación. Se trata, desde luego, de supuestos extremos, como los que, a modo de ejemplo, se concretarían en el caso de una secesión o cesión del territorio nacional sin mediar una reforma constitucional previa, en una declaración de guerra sin la autorización de las Cortes Generales o en la declaración de los estados de sitio, excepción o alarma incumpliendo de manera total y absoluta los procedimientos constitucionalmente establecidos.

En estos supuestos, se pondrían en juego lo que Manuel Fernández-Fontecha y yo denominamos hace tres décadas y media «potestades bloqueantes» del Monarca parlamentario. Estas se traducen, esencialmente, en su negativa a actuar cuando quede patente, sin género de dudas ni necesidad de interpretación alguna, la vulneración del orden competencial establecido por la Constitución o el quebrantamiento de los procedimientos constitucionales por parte de los órganos del Estado que los hayan producido. No así cuando ello pueda y deba ser apreciado por el Tribunal Constitucional por medio de los recursos pertinentes, no estando en cuestión, en consecuencia, los remedios de las actuaciones inconstitucionales de los Poderes públicos previstos en la propia Constitución.

Tras estas referencias al «hard power» de la Corona en la Monarquía parlamentaria regulada en la Constitución de 1978, que no por apartarse de la mayoría de la doctrina, dejan de ser cuestiones necesitadas de reflexión y debate, volvamos al ámbito de actuación del Rey en condiciones de normalidad.

En situaciones normales el «soft power» del Rey se despliega, sobre todo, en tres campos estrechamente relacionados: el de la integración simbólica de la comunidad nacional, el de la expresión de la unidad y permanencia del Estado a través de su intervención en los principales actos estatales y el de la representación del Estado en las relaciones internacionales.

En primer término, la Corona posee una especial capacidad de integrar a los ciudadanos en torno a la idea del Estado, concebido como la organización jurídico-política de la llamada por Manuel García-Pelayo «sociedad nacional», es decir, una comunidad política territorial basada en la historia y proyectada desde el presente al futuro. Este es el significado principal de la Monarquía, según la clásica exposición de Rudolf Smend, y de él derivan todas sus demás funciones, tanto en nuestra actual Monarquía como en las demás Monarquías europeas y en la japonesa. En este sentido, el Rey y la Familia Real tienen una función semejante a la de los símbolos no personificados de la comunidad política, como la bandera, el escudo y el himno, que cumplen un fundamental papel identificador y unificador.

Ahora bien, para que la función integradora de la Corona pueda ejercerse en plenitud debe proporcionársele un espacio propio, distinto del que corresponde a los demás órganos constitucionales e inmune a cualquier interferencia. Para ello es preciso mejorar la actual regulación de las instituciones y organismos de apoyo a la Corona. En particular, convendría revisar todo lo concerniente al régimen jurídico y a la financiación del Patrimonio Nacional que, más que un organismo perteneciente a la esfera gubernamental, debería concebirse y regularse como una Administración independiente, al modo del Banco de España o de organismos públicos similares, ya que es un instrumento esencial para el ejercicio de la alta representación simbólica del Estado que incumbe al Rey y a la Familia Real, de acuerdo con la Constitución y las leyes. En este sentido podría metafóricamente decirse que el Patrimonio Nacional es el Trono en el que se sienta el Rey. Sin los excepcionales bienes culturales que lo forman, la Monarquía española perdería gran parte de su significado histórico y, por tanto, de su capacidad de expresar simbólicamente la continuidad de la Nación española constituida en Estado. De ahí su importancia para la cuestión que tratamos.

El Patrimonio Nacional se ha conservado unido y, a la vez, separado del Patrimonio del Estado, según el artículo 132.3 de la Constitución, porque condensa los valores simbólicos que en España encarna el Jefe del Estado. Todo ello sin perjuicio de su muy relevante misión cultural, que en absoluto se opone a esa representación simbólica, sino que, como hemos visto, la refuerza. Así ha sido desde la lejana Ley del Patrimonio de la Corona de 1865, que lo separó, al mismo tiempo, de los bienes privados de la Familia Real y de los bienes del Estado, y, de forma más moderna, ya como patrimonio estatal, diferenciado del resto de los bienes públicos, desde la Ley del Patrimonio de la República de 1932, a la que siguió la Ley del Patrimonio Nacional de 1940, precedente inmediato de la vigente de 1982.

En todo esto desempeña un papel preponderante la concepción del refrendo gubernamental como un instrumento de doble vía: el

Gobierno debe prestar todo su apoyo, como consecuencia de su obligación de lealtad constitucional, a lo que el Rey debe ineludiblemente hacer como símbolo de la unidad y permanencia del Estado, al igual que el Monarca debe comportarse con entera lealtad al Gobierno. Estamos, pues, ante un deber recíproco de colaboración y ayuda en el ejercicio de sus respectivas funciones, no ante la mera sumisión del Rey, en el cumplimiento de esa misión, a la voluntad del Ejecutivo.

En segundo lugar, y como consecuencia lógica de su función integradora, la Corona es, como también dijo Bagehot, la parte «dignificada» del Estado frente a la parte «eficiente» de éste, constituida por los Poderes públicos. García-Pelayo recuerda que el Rey, aplicando la antigua concepción romana, es «auctor» de los actos del Estado, no «autor» de su contenido, y expresa así nuevamente, con su intervención en ellos, la unidad y la permanencia de la comunidad política, española, constituida en Estado social y democrático de derecho, regido por la Constitución y las leyes.

Por ello, y como también ha propugnado entre nosotros Julián Marías, siguiendo la misma idea de Bagehot, el Rey debe ser «cabeza de la sociedad» en el reconocimiento e impulso de los ideales y metas mayoritariamente aceptados por ésta y en el discernimiento de los honores y distinciones que públicamente reconocen el mérito personal y el ejemplo social, así como su necesaria continuidad en el tiempo.

Este y no otro es el sentido de la antigua idea de la Corona como *Fons honorum*, como también lo es el reconocimiento de su alto patronazgo de las Reales Academias, instituciones de reconocimiento de la excelencia en el cultivo de las humanidades, de las ciencias y de las artes, conforme recogen, respectivamente, los apartados f) y j) del artículo 62 de la Constitución. Para el adecuado ejercicio de la función del Monarca como *Fons honorum*, de tan considerable y duradero impacto social, es aconsejable mejorar la actual regulación de esta materia. Tanto en lo que se refiere a la concesión de honores y distinciones como a la vinculación de la Corona con las entidades que históricamente encabeza, o sobre las que ejerce patronazgo o tutela, en uso de sus títulos y dignidades, con arreglo al artículo 56.2 de la Constitución.

En último término, pero no con menor trascendencia en la teoría y en la práctica, el Rey asume la más alta representación del Estado español en las relaciones internacionales, especialmente con las naciones de su comunidad histórica. Esta es la tercera de sus grandes competencias, de acuerdo con el artículo 56.1 de la Constitución. La Profesora Araceli Mangas se referirá con seguridad a esta cuestión crucial, por lo que no me extenderé sobre ella. Sólo me cabe señalar que, en este campo, en el que la Corona desempeña constitucionalmente un papel tan relevante, es necesario más que nunca el estricto cumplimiento por el Gobierno, que dirige la política interior y exterior, de lo establecido en el apartado g) del artículo 62 de la Constitución, en cuya virtud «corresponde al Rey ser informado de los asuntos de Estado». Recientes e importantes decisiones de política exterior han mostrado que no siempre es así, lo cual debe corregirse.

Este es, en síntesis, el terreno del «soft power» regio, del cual no sería deseable salir. Ello depende, sobre todo, de la lealtad constitucional de los actores políticos y de la fortaleza social de lo que Habermas ha llamado «patriotismo constitucional», basado en la creencia y el mantenimiento, por parte de una gran mayoría de la sociedad, de los valores y principios recogidos en la Constitución. Sin esa convicción social es ilusoria su efectiva vigencia y se hace muy difícil que pueda ejercer su misión una institución como la Corona, que simboliza la unidad del Estado y la permanencia del ordenamiento que lo constituye.

Todo ello deriva también, como ha señalado entre nosotros José Manuel Serrano Alberca, de la capacidad del Monarca para encarnar las virtudes del valor, la prudencia, la ecuanimidad y la integridad, asociadas desde la Antigüedad al buen gobierno, sirviendo así como ejemplo de servicio a la comunidad, de lo que deriva la *auctoritas* personal del Rey, indispensable, asimismo, para el ejercicio de su función constitucional.

Sin embargo, sobre un país radicalmente dividido en torno a las cuestiones esenciales no es posible a la larga reinar. La unidad que simboliza la Corona debe ser reflejo de la unidad del pueblo en torno a las cuestiones políticas básicas. Por ello, el mantenimiento del pluralismo social y político en el marco constitucional exige, en la Monarquía aún más que en la República, no sólo el respeto a los procedimientos constitucionales, sino también a los fundamentos de la propia Constitución. En este contexto, las habituales apelaciones del Rey D. Felipe VI, en sus mensajes y discursos, a la unidad de los ciudadanos y las fuerzas políticas en torno a los fundamentos, principios y valores constitucionales, comenzando por la afirmación de la unidad de España, fundamento de la propia Constitución según su artículo 2, tienen, hoy más que nunca, un profundo significado, acorde por completo con el recto ejercicio de la misión de la Corona en nuestro sistema político.

Muchas gracias.

Poderes y funciones del Rey en la Constitución de 1978

EDUARDO TORRES-DULCE LIFANTE
*Académico de Número de la Real Academia de Jurisprudencia y
Legislación*

«La Corona hace mucho más de lo que parece hacer»
Walter Bagehot

1. Una interpretación sistemática

La Constitución española de 1978 (CE) dedica el Título II a la Corona, la primera de las Instituciones que se recogen en los apartados que la Constitución dedica a los Poderes e Instituciones del Estado.

En todo caso y a tal efecto no puede ni debe ignorarse que ese Título II debe conectarse, a efectos de interpretación, sistemáticamente, con el resto de preceptos que se refieren a la Corona, en el resto del texto constitucional.

Así con el art. 1.3 CE que proclama que *«la forma política del Estado español es la Monarquía»* hereditaria (art. 57.1 CE), quizás asimismo el ejercicio *del Alto Patronato de las Reales Academias* (art. 62, j, CE) y otro indirecto, su inviolabilidad art. 56.3 CE) a un modo constituyente y define una entidad superior, el Estado español, cuya forma de manifestación política es la Monarquía. Si a ello le añadimos que *«la soberanía nacional reside en el pueblo español, del que emanan los poderes del Estado»* (art. 1.2 CE), queda clara la ecuación o un tipo de pirámide, digamos que kelseniana, en la estructura organizativa de lo que es la España constitucional.

Soberanía-Pueblo español

Estado-Poderes

Monarquía Parlamentaria

Es claro, pues, que en nuestra Constitución la Monarquía forma parte del Estado, emanado de la soberanía del Pueblo, y que su naturaleza es la de ser una Monarquía parlamentaria. Nuestra Monarquía o es constitucional o no es; todo lo debe a la Constitución y a esa estructura de Instituciones básicas de la misma.

Conforme a lo dispuesto en el art. 61 CE,

> *«1. El Rey, al ser proclamado ante las Cortes Generales, prestará juramento de desempeñar fielmente sus funciones, guardar y hacer guardar la Constitución y las leyes y respetar los derechos de los ciudadanos y de las Comunidades Autónomas.*
>
> *2. El Príncipe heredero, al alcanzar la mayoría de edad, y el Regente o Regentes al hacerse cargo de sus funciones, prestarán el mismo juramento, así como el de fidelidad al Rey».*

El Rey, pues, y en su caso el Príncipe, o Princesa heredera, se sujetan mediante juramento a la Constitución prestado ante las Cortes Generales, en su pleno sentido, lo que da y otorga sentido a la Monarquía como constitucional y parlamentaria.

Como bien ha expresado Manuel Aragón Reyes,

> *«Nuestra Constitución ha optado por la única vía de conciliación entre democracia y monarquía, que no es otra que la Monarquía parlamentaria, en la que el Rey carece de poderes propios, es decir, disfruta de* **auctoritas,** *pero no de* **potestas,** *pues ni es soberano —que lo es el pueblo—, ni legisla*

—la potestad legislativa pertenece al parlamento—, ni gobierna —el poder ejecutivo residen en el Gobierno—» [1].

Es por ello que los actos del Rey deben ser objeto de refrendo (art. 64 CE) por el Ejecutivo, bien por el Presidente del Gobierno, bien por los Ministros competentes. Los actos del Rey que carezcan de ese refrendo son nulos, salvo lo dispuesto en el art. 65 CE (todo lo relativo a su Casa y familia, ya que dispone libremente de la cantidad global que recibe de los Presupuestos del Estado para el sostenimiento de su casa y familia —65.1 CE, así como para con el nombramiento y relevo de los miembros civiles y militares de su Casa— 65.2 CE).

Una inevitable consecuencia de dicho refrendo es la inviolabilidad de la persona del Rey, sin sujeción a responsabilidad alguna, ex art. 56.3 CE.

2. Los poderes del Rey

2.1. La definición constitucional del Rey

Antes de examinar el contenido de dichos poderes, conviene detenerse y no olvidar la definición, porque es una definición, y con un alto contenido constitucional y político, de lo que significa ser Rey de España (art. 56. 2 CE), según nuestro texto constitucional tal y como se expresa en el art. 56.1 CE.

«El Rey es el Jefe del Estado, símbolo de su unidad y permanencia, arbitra y modera el funcionamiento regular de las instituciones, asume la más alta representación del Estado español en las relaciones internacionales, especialmente con las naciones de su comunidad histórica, y ejerce las funciones que le atribuyen expresamente la Constitución y las leyes».

A. El Rey es el Jefe del Estado, y cumple una función simbólica, ya que es *símbolo de su unidad y permanencia,* que, en mi opinión, es algo más que un mero adjetivo retórico o formal, pues no se concibe un Estado español roto en tal unidad, fuera de los cauces previstos en la Constitución. Sin el Estado no hay constitucionalmente hablando ni

---

1. ARAGÓN REYES, Manuel, Comentario mínimo a la Constitución española, Santiago Muñoz Machado *(ed.), Comentario al art. 1*, pp. 19-23. Crítica. Barcelona, 2018.

Monarquía, ni Corona, ni Rey, y sin Rey no hay Estado. Un ensamblaje constitucional de entrelazamiento institucional indivisible.

Como bien ha precisado Manuel Aragón Reyes, «*la Monarquía, además de forma política del Estado, es forma jurídica de la Jefatura del Estado, que la ostenta un Rey y que accede a ella de manera automática, por el orden regular de sucesión en la Corona, lo que presta una valiosa condición objetiva al órgano supremos del Estado, desligado de las contiendas políticas entre partidos y de las oposiciones entre los diversos intereses sociales*»[2].

Por su parte el Profesor Gaspar Ariño incide asimismo en el significado de esa posición del Monarca en la cúspide del Estado.

> «*No hay presencia ni participación alguna del Monarca en la formación de la voluntad estatal, pero como órgano que ocupa la cúspide del Estado tiene una función garantizadora del sistema político y del respeto a la Constitución, de la que debe ser su primer defensor*»[3].

B. En segundo lugar el art. 57.1 CE resalta un aspecto esencial del Rey como titular de la Corona, expresión de una Monarquía parlamentaria como la que se define en nuestro texto constitucional, ya que le atribuye el arbitraje y moderación del funcionamiento regular de las instituciones.

De nuevo, y con todas las cautelas debidas, no puede negarse que esa referencia va más allá de la retórica y la expresión formalista. En una Monarquía de corte parlamentario como la nuestra, la exorbitancia de una actividad regia carece de sentido, tanto como la ruptura de una exigencia de neutralidad en la contienda política. Pero ello no puede entenderse como una concepción de la figura del Rey tanto en su configuración de representación como, y sobre todo, en la de la moderación y arbitraje en el funcionamiento de las instituciones, en las que se le atribuya una idea de convidado de piedra, estatua de sal, o aún peor, de puro tancredismo político constitucional.

---

2.   ARAGÓN REYES, Manuel, *op. cit.*, pp. 19-23.
3.   ARIÑO ORTIZ, Gaspar, *op. cit.*, *Comentario al art. 56,* pp. 231-233. El profesor Ariño Ortiz tiene, por otra parte publicado un libro, no por breve menos enjundioso relativo a estos temas, *La Corona. Reflexiones en voz baja.* Iustel. Madrid, 2013.

De nuevo como expresa Aragón Reyes, tras analizar la exigencia necesaria del refrendo del Ejecutivo a los actos del Rey, afirma que,

> *«Sin embargo, ello no significa que la figura del Rey sea irrelevante. Al contrario, su capacidad de integración nacional simbólica, es, o puede ser, muy superior al de un presidente de república, y aunque carece de competencias de libre ejercicio, despliega una indudable influencia como árbitro y moderador de las instituciones públicas (art. 56.1 CE), influencia que no entraña un ejercicio real de poder, pero sí una capacidad de aconsejar y equilibrar que se manifiesta a través de los tres clásicos "derechos" de un monarca parlamentario: de "animar", de "advertir" y de "ser consultado"»* [4].

No es ocioso a ello que el Rey deba *«ser informado de los asuntos de estado, y presidir, a estos efectos, las sesiones del Consejo de Ministros, cuando lo estime oportuno, a petición del Presidente del Gobierno»* (Art. 62, g CE). Una buena muestra de una cierta ambigüedad que domina el delicado terreno de las funciones o poderes del Rey, que, si que es obvia, a mi juicio, la obligación de que las instituciones del estado, y en especial el Gobierno, mantenga informado el Monarca, respecto de los asuntos que se consideren de estado, no es menos cierto que su presencia a tal efecto, en el Consejo de Ministros, presidiéndolo, sólo procede cuando así lo estime, el Presidente del Gobierno.

Coincido en este punto con el análisis que hace Luis María Díez-Picazo de estas cuestiones,

> *«Ello lleva a constatar que los contornos de la función moderadora del Rey no son siempre nítidos. ¿Hasta dónde puede el Rey actuar como árbitro? Algunas consideraciones pueden ayudar a orientarse en este terreno. En primer lugar, como se observó al tratar del refrendo, cualesquiera actuaciones del Rey con posible repercusión política o institucional deben, cuanto menos, ser consultadas con el Gobierno. Ello es así no sólo porque la dirección política corresponde al Gobierno (art. 97 CE), sino también porque es inherente a la noción misma de monarquía parlamentaria que el Rey no participe activamente en política. En segundo lugar, en conexión con lo anterior, es claro que sobre el Rey pesa un inequívoco deber de neutralidad política: no puede tomar partido en polémicas, ni menos aún mostrar simpatía por unas fuerzas políticas frente a otras. En tercer lugar, contrariamente a lo que a veces se piensa, los deberes regios no están*

---

4. ARAGÓN REYES, Manuel, *op. cit.*, pp. 19-23.

caracterizados por el puro automatismo; es decir, no es siempre evidente lo que el Rey debe hacer en cada caso. A veces puede haber cierto margen de apreciación, incluso en el ejercicio de las concretas atribuciones enumeradas en los arts. 62 y 63 CE. Por ejemplo, es perfectamente concebible que, tras la oportuna consulta con los representantes de los grupos parlamentarios, no emerja con claridad un único nombre para ser propuesto como Presidente del Gobierno, sino que haya más de una persona con posibilidad real de ser investida por el Congreso de los Diputados. No obstante, como se dijo al examinar la formación del Gobierno, cuando situaciones de esa índole se produjeron tras las elecciones generales de diciembre de 2015 y de abril de 20219, Felipe VI no tomó ninguna iniciativa política sustantiva, prefiriendo esperar indicaciones de las principales fuerzas políticas.

En resumen, siempre que no actúe a espaldas del Gobierno y siempre que respete el deber de neutralidad política, el Rey tiene cierto espacio para adoptar iniciativas arbitrales entre las fuerzas políticas e incluso para enviar mensajes a la nación.

Sólo queda lo que algunos han llamado el «poder de reserva»; es decir, una especie de poder de sustitución para la salvaguardia del Estado en situaciones extremas, como habría sido la intentona golpista del 23 de febrero de 1981. Pero la verdad es que se trató de un caso absolutamente excepcional, en que lo único importante, aun a costa de obviar determinadas formalidades, era restablecer el normal funcionamiento de las instituciones democráticas. Tal vez otro caso excepcional fue el discurso televisado que Felipe VI dirigió a la nación el 3 de octubre de 2017, en el momento álgido de la crisis desatada por la declaración unilateral de independencia de Cataluña. En dicho mensaje, el Rey hizo un firme y severo llamamiento a la lealtad constitucional, así como al respeto de la legalidad. (...) Pues bien, precisamente la excepcionalidad de casos como estos impide teorizar, con pretendido alcance general, la existencia de una facultad regia no prevista en el texto constitucional[5]».

Personalmente, y sin entrar en ese denominado y teórico *poder de reserva,* del que habla Díez-Picazo, sí que pienso que el Rey en ese caso concreto no desbordó su función constitucional de neutralidad política, sino que ejerció, en mi opinión se trata de un derecho-deber, la función de arbitraje y moderación de las instituciones públicas, en una de las

---

5.   DÍEZ-PICAZO, Luis M.ª, *Ordenamiento Constitucional Español, pp. 378-379.* Tirant Lo Blanch, Valencia, 2020.

modalidades la de *advertir,* como más arriba señalaba Aragón Reyes, de esa función de Monarca constitucional.

De esa misma opinión parece ser el profesor Ariño Ortiz cuando al respecto señala, tras afirmar que *«el Rey no puede ser un Rey Mudo»* que,

> *«Si en algún momento cree que el país atraviesa un serio peligro para el orden constitucional, la paz o la unidad nacional, debe denunciar la situación y requerir a las fuerzas políticas par que retomen el camino correcto. El Rey no podrá ofrecer soluciones, pero sí instar a los dirigentes políticos competentes para que adopten las decisiones necesarias»* [6].

2.2. Poderes o funciones del Rey

Permítaseme una corta digresión, supuestamente semántica, pero que quizás aporte alguna luz sobre algunos debates suscitados en torno al alcance de los poderes del Rey.

En una interpretación gramatical descubrimos que *poderes,* según la RAE, y en su primera acepción, significa, *«Tener expedita la facultad o potencia de hacer algo».* Una definición que en términos estrictos de los *poderes que* la Constitución acusa al Monarca, conviene sólo parcialmente.

En cambio, la RAE define la palabra *funciones,* de nuevo en la primera de sus acepciones, como *«Tarea que corresponde realizar a una institución o entidad, o a sus órganos o personas».* Una definición que cubre los denominados poderes del Rey pero que, por el contrario de la anterior, se queda corta, como veremos, para alguna de esas tareas o funciones.

Alfredo Pérez de Armiñán en alguna ocasión ha preferido emplear las de *potestades,* según la RAE, *«dominio, poder, jurisdicción o facultad que se tiene sobre algo»,* que de nuevo se muestra como incompleta para algunas de lo que corresponde al Rey según el art. 62 CE, o *competencias*, según la RAE, *«ámbito legal de atribuciones que corresponden a una entidad pública o a una autoridad jurídica o administrativa»,* que parece, de todas, la más pegada al terreno pero quizás por ello la más

---

6.   ARIÑO ORTIZ, Gaspar, *op. cit.,* p. 233.

alejada de la importancia institucional y constitucional del Rey y de la Corona.

Por su parte el art. 62 CE que enumera esos poderes, funciones potestades o competencias del Monarca, elude el empleo de cualquiera de esas palabras, diciendo simplemente que, *«Corresponde al Rey».* Que si vamos al sinónimo de *incumbir,* la RAE nos encamina a *«corresponder a alguien o ser responsabilidad de alguien».*

Díez-Picazo de mamera más pragmática emplea el término *atribuciones*[7] que según la RAE significa, *«cada una de las facultades o poderes que corresponden a cada parte de una organización pública o privada según las órdenes que las ordenan».*

Dejémoslo ahí, porque si examinamos el poliédrico magma de lo que le corresponde al Rey según el art. 62 CE quizás encontraríamos diversos acomodos para cada uno de los parágrafos del mentado precepto. Personalmente no me desagrada su adscripción al vocablo *poder*, si lo despojamos de un significado más cercano a la *potestas,* que, como afirma Aragón Reyes no es propia de un monarca parlamentario y constitucional como el nuestro, pero sí que revela, según la RAE, *«tener expedita la facultad o potencia de hacer algo»* y ello, según mi opinión si subyace, en el conjunto de lo que le corresponde hacer al Rey según, todos derechos-deberes, de e norme importancia constitucional, lo que revela el carácter proactivo de la Institución y no meramente retórico ni formalista.

2.3. Los poderes del Rey

Se enuncian así en el art. 62 CE

«Corresponde al Rey:

a) Sancionar y promulgar las leyes.

b) Convocar y disolver las Cortes Generales y convocar elecciones en los términos previstos en la Constitución.

c) Convocar a referéndum en los casos previstos en la Constitución.

---

7.   DÍEZ-PICAZO, Luis M.ª, *op. cit.,* pp. 375-379.

d) Proponer el candidato a Presidente del Gobierno y, en su caso, nombrarlo, así como poner fin a sus funciones en los términos previstos en la Constitución.

e) Nombrar y separar a los miembros del Gobierno, a propuesta de su Presidente.

f) Expedir los decretos acordados en el Consejo de Ministros, conferir los empleos civiles y militares y conceder honores y distinciones con arreglo a las leyes.

g) Ser informado de los asuntos de Estado y presidir, a estos efectos, las sesiones del Consejo de Ministros, cuando lo estime oportuno, a petición del Presidente del Gobierno.

h) El mando supremo de las Fuerzas Armadas.

i) Ejercer el derecho de gracia con arreglo a la ley, que no podrá autorizar indultos generales.

j) El Alto Patronazgo de las Reales Academias».

La mayor parte de estos poderes, funciones o competencias del Rey tiene que ver con su posición simbólica de Jefe del Estado, porque como dice Díez-Picazo,

«es del Rey de quien formalmente emanan los actos estatales más relevantes, tanto en lo que concierne al régimen parlamentario (convocatoria y disolución de las Cortes Generales, convocatoria de elecciones y de referéndum, propuesta de candidato a Presidente del Gobierno, nombramiento y cese de los Ministros, colación de los principales empleos civiles y militares, concesión de honores y distinciones, ejercicio del derecho de gracia), como en lo atinente al sistema de fuentes del derecho (sanción y promulgación de las leyes, y expedición de los decretos acordados en Consejo de Ministros)(...). Y en cuanto a la esfera internacional, el Rey ostenta la máxima representación del Estado, lo que se traduce en la acreditación de representantes diplomáticos, la prestación del consentimiento del Estado a los tratados internacionales y la declaración de guerra y paz:

Es generalmente admitido que las concretas atribuciones que los arts. 62 y 63 CE encomiendan al Rey seguramente con la excepción de ser informado-agotan sus significado en el plano de las formas: buscan dar solem-

nidad a determinados actos, imponiendo la intervención regia para su perfección y validez» [8].

Como afirma Ariño Ortiz, son actos *constitucionalmente debidos, «lo que significa que el ámbito de libre actuación del Monarca en el ejercicio de estas funciones, su margen de maniobra es muy escaso, por no decir nulo. Su misión se limita a seguir puntualmente los procedimientos establecidos, sin posibilidad de actuar por propia iniciativa en ningún aspecto»* [9]. Posición que comparto, con los matices ya expresados más arriba.

No obstante sería absurdo negar lo que parte de la doctrina ha planteado acerca de esa función del Rey, art. 62. a CE de *sancionar o promulgar las leyes, o el de expedir los decretos acordados en Consejo de Ministros*, ex art. 62, f CE, e incluso como se ha visto con cita a Díez-Picazo, el ejercicio del derecho de gracia conforme a la ley (art. 62, i, CE), si surgieran motivos, excluyendo los meramente políticos o las meras razones de interpretación jurídica, que supusieran una abierta, clara y concluyente quiebra constitucional. En los demás casos hay consenso en que se trata de una atribución que no deja margen de actuación al Monarca. Debe sancionar y promulgar las leyes o expedir los decretos.

Si concluimos que la atribución, en esos casos, del Rey es un acto *constitucionalmente debido* y su margen de actuación nulo, el Rey sanciona un acto, norma, que dinamita la propia Constitución, incumpliendo su juramento de defensa de la misma ante las Cortes Generales (art. 61.1 CE). No estamos hablando, quede claro, de convertir al Monarca en una suerte de supremo Tribunal Constitucional, ya que se trata de hechos y actos abierta y claramente inconstitucionales. La doctrina se ha dividido entre los que siguen manteniendo el formalismo automatizado, pese a todo, de la atribución del Monarca, hasta los que derivan la responsabilidad de así proceder, a quien refrenda a la Corona, y, los que sostienen, la posibilidad de una negativa regia si falta algún requisito esencial. Belda Pérez-Pedrero ha indicado al respecto,

«Hay que terciar al respecto alertando de la dudosa lógica de obligar a un Monarca a sancionar un texto que manifiestamente sea contrario a la

8. DÍEZ-PICAZO, Luis M.ª, *op. cit.,* pp. 375-379.
9. ARIÑO ORTIZ, Gaspar, *op. cit., Comentarios al art. 62* p. 253.

Constitución o no revista apariencia de legalidad, ni siquiera apelando a su responsabilidad» [10].

Coincido con esta matizada opinión, aunque la conclusión sea la de una crisis constitucional de Estado de graves e impredecibles consecuencias.

Esa posición de refrendo regio a ciertas atribuciones, competencias o funciones claramente ejecutivas es la regla general, aunque como asimismo precisa Díez-Picazo, no es así en otras, como en la propuesta de candidato a Presidente de Gobierno, en el que ya he puesto de manifiesto que existe un cierto, aunque reducido margen, de decisión del Monarca, al menos durante el proceso.

En otras ocasiones, como en el caso la declaración de guerra, implica que la Constitución, volvemos a Díez-Picazo, aproveche *«la enumeración de las atribuciones regias para regular una cuestión ajena al papel constitucional del Rey»* [11].

Esta enumeración se completa con lo afirmado en el art. 63 CE.

«1. El Rey acredita a los embajadores y otros representantes diplomáticos. Los representantes *extranjeros en España están acreditados ante él.*

2. Al Rey corresponde manifestar el consentimiento del Estado para obligarse internacionalmente por medio de tratados, de conformidad con la Constitución y las leyes.

3. Al Rey corresponde, previa autorización de las Cortes Generales, declarar la guerra y hacer la paz».

Estas tres funciones emanan de la posición del Monarca en la cúspide del Estado como Jefe del mismo, a quien corresponde representar, una posición de enorme sentido simbólico, y sujeto al funcionamiento constitucional del mismo, con sujeción a ese estatuto y con la dependencia de los Poderes del Estado.

---

10. BELDA PÉREZ-PEDRERO, Enrique, *Comentarios a la Constitución Española,* Directores Miguel Rodríguez-Piñero y María Emilia Casas Baamonde, Tomo I, Comentario al art. 62, p. 1638. BOE., Ministerio de Justicia, Tribunal Constitucional y Fundación Wolter Kluwer España, Madrid, 2018.
11. DÍEZ-PICAZO, *op. cit.,* pp. 377-378.

Atribuciones del Rey en las relaciones internacionales

ARACELI MANGAS MARTÍN

Académica de Número de la Real Academia de Ciencias Morales y Políticas

Me voy a centrar en una de las atribuciones más importantes del Rey y común a las jefaturas del Estado como es la alta representación de España en las relaciones internacionales (art. 56.1 CE). No tiene mucho sentido referirme a otras atribuciones en política exterior como la manifestación del consentimiento para celebrar tratados internacionales (art. 63.2 CE) o recibir a los embajadores extranjeros o expedir las cartas credenciales de los embajadores españoles (art. 63.1 CE) pues son actos debidos o reglados con refrendo gubernamental (art. 56.3 y 64 CE) cuyo contenido le llega cerrado y sin opciones, salvo si fuera informado a tiempo para aconsejar y prevenir (art. 62 *g* CE).

Algunos hechos externos impactantes sucedidos en su reinado, como la pandemia, han perturbado o condicionado el normal ejercicio de las atribuciones y actividades del Jefe del Estado. La pandemia abortó todos los viajes de Estado del Rey o de otra índole al exterior desde inicios de 2020 hasta noviembre de 2022, así como la imposibilidad de recibir a jefes de Estado u otros mandatarios o representar a España en conferencias o foros varios por el mundo, aunque en muchas ocasiones la alta representación de España pasó a ser ejercida con la presencia regia por videoconferencia.

Es bien sabido que en la actividad exterior es dónde un jefe de Estado, y en especial un monarca, puede contribuir de forma decisiva a funciones de Estado, bastante más que en la política interna. Ello es así en la medida en que la Corona aporta reputación al papel de España pues está al margen de ideologías, intereses partidarios y coyunturas por su contexto vitalicio.

La capacidad de influencia de España puede recibir apoyo de la actuación del Rey en la acción exterior. Ni qué decir tiene que, en tantos encuentros con jefes de Estado, primeros ministros, ministros, altos representantes de organizaciones internacionales y otros foros, el Rey tiene acceso de primera mano a informaciones y opiniones de relevancia y puede contribuir a una mejor acción de gobierno en el interés general.

A pesar de aquellas circunstancias, entre 2014 a 2020 (inicio de la pandemia), y desde finales de 2022 (fin de restricciones), el Rey ha representado a España en numerosos viajes de Estado o semioficiales.

Además, el art. 56.1 añade, a la atribución genérica de la alta representación, un encargo específico indeterminado y amplio de representación «especialmente con las naciones de su comunidad histórica». Va más allá de lo implícito evidente —Iberoamérica— y afecta a otras naciones como Filipinas, Guinea Ecuatorial o los estados de EEUU que fueron parte de la Monarquía hispánica y pueblos como los sefardíes.

Ya desde su etapa como Príncipe de Asturias y terminada la etapa de formación decidió asistir a las tomas de posesión de los presidentes iberoamericanos, lo que ha ayudado siempre a tener presente el devenir político de aquellos Estados. Gracias a esa constancia, a pesar de que las relaciones con Iberoamérica decayeron por descuido de los gobiernos españoles desde hace una decena de años, la Corona ha logrado mantener el afecto e interés hacia esa amplia región que tanto y tan bien se cuidó, en especial, en las primeras décadas de la democracia hasta 2004. El Rey ha cubierto las lagunas y vaivenes de los políticos.

Otra cosa no menor es qué apoyo gubernamental ha tenido en sus viajes. Sabemos que en varias ocasiones se han producido sin la presencia de ministros del Gobierno, o acompañados por cargos como Secretarios de Estado o, incluso de rango inferior. Y a veces han acudido ministras irrelevantes que se dedicaron a *sus cosas* y no a los asuntos de Estado que motivaban el viaje.

La primera lección que conoce todo diplomático —el *abc* de las relaciones internacionales— es que las relaciones son de Estado a Estado. No se mantienen entre gobiernos sino entre Estados. El gobierno de turno es el instrumento de gestión en cada momento. Pero los vínculos se tienen más allá de la familia política o ideología de cada partido gobernante. Los vínculos permanentes son con frecuencia históricos, culturales y sociales con su población, tanto la que vive entre nosotros como los compatriotas que han arraigado después de siglos o decenas de años en esos Estados y, no menos frecuente, son los fuertes intereses económico-financieros de nuestras empresas o de las extranjeras inversoras en nuestro país. Por ello, no se entienden los desprecios a ciertos Estados de Iberoamérica por su coyuntura política. Los políticos pasan, los pueblos permanecen.

Y es cosa mayor saber si el Rey Felipe VI pudo ir a todos los que debía o hubo claramente vetos de un gobierno descentrado respecto al interés general. Parece que hubo menos viajes de Estado de los que pudo haber habido en 10 años (incluso a pesar del ostracismo de la pandemia). En estos mismos días los medios de comunicación se han extrañado de la no presencia de la Corona en la celebración del 80 aniversario del Desembarco en Normandía.

El Rey hace manifestaciones en el marco de su actividad exterior que revelan el interés por la reputación y papel de España y el apoyo que debe recibir de la Corona. Y sobre todo se dirige, en los actos de encuentro con los expatriados españoles, de una forma que posiblemente no lo haga en el interior. Sólo dos ejemplos y rápidos: en Ámsterdam, en abril de 2024, mostró su interés por los jóvenes científicos españoles expatriados y por la ciencia que cultivan pues sin ellos, sin su ciencia, no es posible el progreso, enfatizando el Rey el motor de dinamismo que aporta la ciencia a toda sociedad. O su admiración por la universidad de Oxford en 2017 razonado en que el 40 % de profesores e investigadores no son británicos. Tendrían que leer ese discurso los rectores y los sindicatos universitarios españoles. Hay que tener valentía y responsabilidad frente a la endogámica y provinciana universidad española.

Claro que la democracia menguante lleva a una España menguante en las relaciones internacionales. No se puede disociar la política interna de la externa.

La España que ha heredado Felipe VI no es la España admirada y respetada por la modélica transición de la dictadura a la democracia plena y dos décadas de democracia creciente. Aquella España ya no existe. En aquellos años espléndidos de convivencia hubo un general reconocimiento desde el exterior. Gracias al consenso interno, entre 1978-2004, se hizo posible que España fuera una potencia europea e hispanoamericana relevante, respetada muy por encima de sus capacidades reales económicas, territoriales o militares.

Desde hace bastante más de diez años, España no es confiable para grupos de inversionistas extranjeros. España ha perdido muchos arbitrajes internacionales (en fotovoltaicas) con condenas superiores a 1.000 millones de euros.

Tampoco da confianza a los españoles ni a los terceros Estados con los vaivenes en los compromisos internacionales de los gobiernos de coalición desde 2019. La opinión pública quedó conmocionada por el brusco y no explicado cambio sobre el Sahara Occidental. Rompió la posición española de casi medio siglo sobre la antigua colonia del Sahara Occidental. También quebró la de Naciones Unidas —que exige, al ser imposible el referéndum, una solución de autonomía pactada con el Frente Polisario—. Sabemos que aquella decisión personal del presidente de Gobierno nunca pasó por el Consejo de ministros (art. 97 CE) ni se comunicó al jefe de la oposición ni, con seguridad, a tres expresidentes de gobierno.

Desconocemos si el Rey fue informado de dicha decisión como obliga la CE (art. 62, g), si se le entregó el texto del acuerdo internacional no normativo con Marruecos («declaración conjunta») y, por tanto, si tuvo la ocasión de desplegar sus funciones constitucionales implícitas de advertir y aconsejar. De poco sirve que el Rey tenga atribuidas funciones constitucionales en materia de relaciones internacionales si no se le permiten ejercer o se diluyen.

La misma duda de si fue informado el Rey surge en relación con otros vaivenes como las relaciones con Argentina, Palestina, la entrega de 1.000 millones a Ucrania o la intervención en apoyo de la demanda de Sudáfrica por genocidio contra Israel ante la Corte Internacional de Justicia. Desde luego no se decidieron en Consejo de Ministros (salvo quizás el reconocimiento del Estado de Palestina). Como tampoco el despropósito de la «retirada» de la embajadora en Argentina por los insultos del presidente argentino reaccionado a los gravísimos insultos y acusaciones de un miembro del gobierno de España.

Sabemos que cualquier acuerdo internacional no normativo tiene que ser informado previamente (dictamen) por el organismo autor del acto (Ley 25/2014 de Tratados) y si tiene implicaciones financieras debe ser respetuoso con la Ley 2/2012 de estabilidad presupuestaria y sostén financiero; también sabemos que si un acuerdo contiene obligaciones financieras para la Hacienda Pública (art. 94.1*d* CE) —como el suscrito con el presidente ucraniano Zelenski en su visita a España en junio de 2024— requiere de la autorización de las Cortes. Sabemos que el Gobierno no ha seguido las normas constitucionales y legales en todos esos casos. Ni el presidente ni el gobierno tienen poderes discrecionales para calificar como acuerdo no normativo y eludir la autorización de las Cortes pues ello daría lugar a actuaciones arbitrarias (prohibidas por el art. 9 CE).

La Corona tuvo un compromiso y dedicación exquisito. Pero las decisiones precipitadas de un gobierno clientelar posiblemente han segado la capacidad de impulso e influencia de la Corona en estos diez años.

Intervención final

MIQUEL ROCA JUNYENT

Patrono de la Fundación Pro Real Academia de Jurisprudencia y Legislación de España

Antes de cualquier otra consideración, me gusta advertir que no he venido hoy a la Real Academia de Jurisprudencia y Legislación de España a hacer ningún elogio del Rey Felipe VI. Y no tengo esa intención porque el mayor reconocimiento que puede hacérsele es haber cumplido debidamente con las funciones que nuestra Constitución le tiene reservadas, ni más ni menos.

En segundo lugar, resulta también necesario aclarar una confusión conceptual repetida desde hace cuarenta y seis años, es decir, desde que fue promulgada la Constitución de 1978. Nuestra Carta Magna fue, en efecto, redactada por una Comisión Constitucional designada por el Congreso de los Diputados. Como quizá algunos de ustedes recordarán, la sesión constitutiva de aquella Comisión tuvo lugar el día 1 de agosto de 1977; en ella se eligieron de entre sus miembros a los de la Ponencia que habrían de redactar el anteproyecto de Constitución, formada por los siempre recordados Jordi Solé Tura, José Pedro Pérez-Llorca y Rodrigo, Gregorio Peces Barba Martínez, Manuel Fraga Iribarne y Gabriel Cisneros Laborda, además de Miguel Herrero Rodríguez de Miñón y de mí mismo.

Pues bien, insisto, debe quedar claro que esta Ponencia no fue más que el grupo de juristas que puso negro sobre blanco la voluntad política de todos los españoles, verdaderos impulsores de nuestra Constitución. Si me permiten la libertad, mis colegas de Ponencia y yo fuimos en realidad los «padres putativos» de la Constitución.

Cerrado el capítulo de «cuestiones previas», y aunque estamos convocados para ponderar estos primeros diez años de reinado de Felipe VI, es necesario echar la vista atrás para reconocer que esta década de reinado no ha sido más que la prolongación de un extraordinario período de afianzamiento y consolidación de los consensos que inspiraron el logro constitucional de 1978.

La Corona se ha erigido en este tiempo como un elemento fundamental de la normalidad institucional en España, que ha constituido un ejemplo de la cultura del pacto y del acuerdo más importante que hemos practicado jamás en nuestra historia. La Constitución, para su aplicación cabal, reclama y se nutre esencialmente del consenso.

Un consenso, por cierto, que en la mayoría de las ocasiones demanda de los interlocutores notables dosis de discreción y confidencialidad, a veces arrumbadas por una epidérmica idea de transparencia, cuyo abuso y empleo indiscriminado no hace más que obstaculizar la culminación de los acuerdos. Una vez alcanzados, publicítese hasta la última cláusula, naturalmente, pero no antes en beneficio del resultado buscado.

Decía antes que el consenso es verdaderamente el forjado del edificio constitucional. ¡Qué duda cabe! Pero acordar no es ni mucho menos tarea sencilla. Cuando el representante público adopta una postura intransigente, dogmática, pétrea, blandiendo su inmovilismo como ejemplo de solidez y haciendo gala con esa actitud de ser hombre o mujer de principios, en realidad lo que refleja ese comportamiento político es tanto su extrema debilidad frente al adversario como su acentuada miopía política. Por el contrario, el verdadero coraje democrático radica en aquel que busca el pacto con perseverancia, renunciando, cediendo y consintiendo necesariamente en la transacción.

En ese sentido, la Corona ha sido un modelo de las renuncias que exige la cultura del consenso. Para empezar, recuérdese que el Rey Juan Carlos I juró la Constitución Española siendo ya Rey; un Monarca, por cierto, que atesoraba un verdadero poder político sin parangón y que lo empleó con tino y sagacidad en aquellos complejos años.

La monarquía regresó a nuestro ordenamiento jurídico como sistema político que entrañaba renuncias importantes, que, sin embargo, lejos de debilitarla, la impulsó para su consolidación merced a su ejemplar ejercicio, hasta convertirse en pieza esencial de la normalidad institucional como expresión suprema de libertad. Desgraciadamente, sin embargo, parece que a los españoles la normalidad nos incomoda, y quizá nos sentimos más cómodos en la excepcionalidad, la discusión y el griterío.

Por otra parte, la democracia es consustancial a la representación política. Ahora bien, con ser ello necesario, no resulta suficiente. En este sistema político resulta esencial también la presencia de lo simbólico. Y si este factor es determinante en cualquier régimen democrático, para una monarquía del siglo XXI, es sencillamente algo esencial. La pervivencia de la institución solo se entiende hoy en la medida en que cumpla una función simbólica, y eso ha de tenerse en cuenta en el desarrollo de sus funciones constitucionales.

No les tengo que recordar, y menos en esta Docta Casa, que en democracia todo poder está sujeto a responsabilidad y si el Rey no es constitucionalmente responsable no puede, en consecuencia, atesorar poder, de ahí la exigencia del refrendo de sus actos. Si carece de poder y, por tanto, también de responsabilidad, es precisamente debido a la índole predominantemente simbólica de la institución que representa al Estado, pero no como encarnación de la soberanía nacional, sino como personificadora de la unidad del poder del Estado. Así son simbólicas las funciones, que no poderes, de promulgar y sancionar leyes, de convocar Cortes, de proponer al candidato a la investidura y de nombrar al Presidente del Gobierno o los miembros del Tribunal Constitucional.

Pero incluso las funciones moderadora y arbitral que le atribuye la Constitución, en puridad, son competencias que se manifiestan necesariamente a través de actos debidos, por lo que ese papel regio no deja de ser, *stricto sensu*, otra manifestación más de la función simbólica cuya intensidad y relevancia dependerá en gran medida de la personalidad del monarca que en cada momento asuma esa magistratura, en su capacidad de sugerencia, en la fluidez de su relación directa con los órganos e instituciones del Estado entendido en sentido amplio y, desde luego, en el grado de reciprocidad en las lealtades institucionales.

Ahora bien, qué gran error es considerar la naturaleza predominantemente simbólica de sus funciones constitucionales como algo pasivo e inane. Antes al contrario, su ámbito de influencia opera, como nos enseñó Kelsen, en la frecuencia de lo afectivo y lo sentimental, que se injerta íntimamente en lo identitario de una organización política.

Pero aún hay otro aspecto relevante que nos debería servir para confirmar la contribución fundamental de la Corona a la España constitucional: funciona. Tras más de cuarenta y cinco años vigente, la Norma Fundamental tiene una salud envidiable y se ha revelado como una herramienta superlativa para afrontar los severos retos a los que nos hemos enfrentado en este período de nuestra historia: la incertidumbre política durante la modélica Transición; las crisis económicas de toda clase; los golpes de Estado tradicionales y no tan tradicionales; la corrupción política de casi todas las facciones ideológicas; el terrorismo nacional e internacional, el crimen organizado y hasta las pandemias jamás imaginadas.

Por todo ello estoy convencido de que la monarquía es hoy una institución asentada y que ha cumplido un papel relevante en la obligación constitucional de «ponerse de acuerdo» en ciertas materias cruciales. Una obligación fraguada durante una Transición a la que tampoco debería darse por muerta, ni mucho menos.

No quiero terminar esta intervención sin agradecer encarecidamente a la Real Academia de Jurisprudencia y Legislación de España y a su Fundación, presididas por mis buenos amigos Manuel Pizarro y Luis María Cazorla, su amable invitación a participar en una Jornada caracterizada por la excelencia. Un agradecimiento que debe ser también felicitación, pues resulta admirable que una institución académica como esta haya tenido a bien reunir una relación tan cualificada y transversal de ponentes para discutir, reflexionar y pensar en estos complejos tiempos cuando se cumplen los primeros diez años de reinado, sobre una institución tan importante como es la Corona, simbolizada en su titular, Felipe VI.

Soy un hombre de otro tiempo y con un proyecto acabado, pero que aún no ha perdido la esperanza de que los consensos tan costosamente trabados hace caso medio siglo regresen para ayudar a una sociedad que no debe, ni puede, renunciar a sus símbolos.

Muchas gracias por su atención.

Clausura

MANUEL PIZARRO MORENO
Presidente de la Real Academia de Jurisprudencia y Legislación de España

Es verdaderamente gratificante para esta Institución haber acogido una jornada de estudio como la que ahora termina, acerca de la década de reinado de Su Majestad el Rey Felipe VI, en la que hemos tenido la oportunidad de revisar, desde múltiples perspectivas, los logros, los desafíos y el papel fundamental que ha desempeñado la monarquía en nuestra democracia. A lo largo de estos diez años, la figura del Rey ha representado una estabilidad sólida, un liderazgo sereno y una vocación de servicio intachable, adaptándose a los retos de una sociedad en constante cambio y atendiendo siempre al bien común.

Por añadidura, la participación en este acto de reputados miembros de Academias hermanas, además de enriquecer el debate con sus aportaciones, ha enfatizado aún más si cabe el Alto Patronazgo de las Reales Academias que ejerce el Rey de conformidad con lo establecido por el artículo 62.j) de la Constitución.

Y es que, como ha apuntado sabiamente Roca Junyent en su brillante intervención que ha abrochado la jornada, son las Reales Academias el foro idóneo para compartir conocimientos y reflexiones acerca de este periodo histórico de la Corona, siendo mi obligación como Presidente de la de Jurisprudencia y Legislación, vindicar el rol fundamental de esta Casa como asamblea de estudio, discusión y debate de cuestiones que no se circunscriben al puro ámbito académico, sino que trascienden y ligan con las inquietudes sociales, jurídicas y políticas de nuestra sociedad como son, desde luego, la defensa de nuestras instituciones, el marco normativo de la institución monárquica o la renovación de la imagen y el papel de la Corona en la España moderna. Un análisis que no sólo nos permiten entender mejor el impacto y la evolución de la monarquía parlamentaria en el contexto actual, sino que también nos invitan a mirar con esperanza hacia el futuro, en un país que sigue avanzando en los valores de justicia, libertad y respeto.

Quiero agradecer, en nombre de la Real Academia de Jurisprudencia y Legislación de España, a todos los participantes y asistentes de esta jornada. Su presencia y su interés reflejan el compromiso de todos ellos con la preservación y el fortalecimiento de nuestro Estado de derecho.

Quiero también felicitar a la Fundación Pro Real Academia de Jurisprudencia y Legislación de España por esta iniciativa y agradecer a sus patronos el apoyo que nos han prestado durante todos estos años, en tiempos de estrecheces, *primum vivere, deinde philosophare.*

Confiamos en que esta jornada no sólo haya servido para reflexionar sobre el pasado reciente, sino también para inspirarnos a todos a seguir trabajando por una España justa y unida.

A Su Majestad, le expresamos una vez más nuestro respeto, nuestra gratitud y nuestro compromiso inquebrantable con los principios que él encarna y defiende.

Cerramos este encuentro con la certeza de que la Corona, fiel a su mandato constitucional, continuará siendo un pilar esencial para el bienestar y la cohesión de nuestro país.

Muchas gracias y buenas noches.